【亞太研究系列】

當代中國文化轉型與認同

Contemporary Chinese Cultural

Transformation and Identity

羅曉南　著

李英明、張亞中　主編

「亞太研究系列」總序

　　「二十一世紀是亞太的世紀」，這句話不斷地被談起，代表著自信與驕傲。但是亞太地區絕非如此單純，未來發展亦非一定樂觀，它的複雜早已以不同型態呈現在世人面前，在開啓新世紀的同時，以沉靜的心境，深刻地瞭解與解決亞太區域的問題，或許才是我們在面對亞太的態度。

　　亞太地區有著不同內涵的多元文化色彩，在這塊土地上有著天主教、基督教、佛教、回教等不同的宗教信仰；有傳承西方文明的美加澳紐、代表儒教文明的中國、混合儒佛神教文明的日本、以及混雜著不同文明的東南亞後殖民地區。文化的衝突不止在區域間時有發生，在各國內部亦時有所聞，並以不同的面貌形式展現它們的差異。

　　美加澳紐的移民問題挑戰著西方主流社會的民族融合概念，它反證著多元化融合的觀念只是適用於西方的同文明信仰者，先主後從，主尊客卑，白優黃劣仍是少數西方人面對東方移民時無法拋棄的心理情結。西藏問題已不再是單純的內部民族或政經社會議題，早已成為國際上的重要課題與工具。兩岸中國人與日韓三方面的恩怨情仇，濃得讓人難以下嚥，引發的社會政治爭議難以讓社會平靜。馬來西亞的第二代、第三代、或已經是第好幾代的華

人，仍有著永遠無法在以回教為國教的祖國裏當家作主的無奈。這些不同的民族與族群問題，讓亞太地區的社會潛伏著不安的危機。

　　亞太地區的政治型態也是多重的。有先進的民主國家；也有的趕上了二十世紀末民主浪潮，從威權走向民主，但其中有的仍無法擺脫派系金權，有的仍舊依靠地域族群的支持來建構其政權的合法性，它們有著美麗的民主外衣，但骨子裡還是甩不掉威權時期的心態與習性；有的標舉著社會主義的旗幟，走的卻是資本主義的道路；有的高喊民主主義的口號，但行的卻是軍隊操控選舉與內閣；有的自我認定是政黨政治，但在別人眼中卻是不折不扣的一黨專政，這些就是亞太地區的政治形態寫照。不同地區的人民有著不同的希望與訴求，菁英份子在政治格局下的理念與目標也有著顯著的差異，命運也有不同，但整個政治社會仍在不停的轉動，都在向「人民為主」的方向轉，但是轉的路徑不同、速度有快有慢。

　　亞太地區各次級區域有著潛在的軍事衝突，包括位於東北亞的朝鮮半島危機；東亞中介區域的台海兩岸軍事衝突；以及東南亞的南海領土主權爭議等等。這些潛在的軍事衝突，背後有著強權大國的利益糾結，涉及到複雜的歷史因素與不同的國家利害關係，不是任何一個亞太地區的安全機制或強權大國可以同時處理或單獨解決。在亞太區域內有著「亞太主義」與「亞洲主義」的爭辯，也有著美國是否有世界霸權心態、日本軍國主義會否復活、中國威脅論會否存在的懷疑與爭吵。美國、日本、中國大陸、東

協的四極體系已在亞太區域形成，合縱連橫自然在所難免，亞太地區的國際政治與安全格局也不會是容易平靜的。

相對於亞太的政治發展與安全問題，經濟成果是亞太地區最足以自豪的。這塊區域裡有二十世紀最大的經濟強權，有二次大戰後快速崛起的日本，有七〇年代興起的亞洲四小龍，八〇年代積極推動改革開放的中國大陸，九〇年代引人矚目的新四小龍。這個地區有多層次分工的基礎，有政府主導的經濟發展，有高度自由化的自由經濟，有高儲蓄及投資率的環境，以及外向型的經濟發展策略，使得世界的經濟重心確有逐漸移至此一地區的趨勢。有人認為在未來世界區域經濟發展的趨勢中，亞太地區將擔任實質帶領全球經濟步入二十一世紀的重責大任，但也有人認為亞洲的經濟奇蹟是虛幻的，缺乏高科技的研究實力、社會貧富的懸殊差距、環境的污染破壞、政府的低效能等等，都將使得亞洲的經濟發展有著相當的隱憂。不論如何，亞太區域未來經濟的發展將牽動整個世界，影響人類的貧富，值得我們深刻的關注。

在亞太這個區域裡，經濟上有著統合的潮流，但在政治上也有著分離的趨勢。亞太經合會議(APEC)使得亞太地區各個國家的經濟依存關係日趨密切，太平洋盆地經濟會議(PBEC)，太平洋經濟合作會議(PECC)也不停創造這一地區內產、官、學界共同推動經濟自由與整合的機會。但是台灣的台獨運動、印尼與東帝汶的關係、菲律賓與摩洛分離主義……，使得亞太地區的經濟發展與安全都受到影

響，也使得經濟與政治何者為重，群體與個體何者優先的思辨，仍是亞太地區的重要課題。

　　亞太地區在國際間的重要性日益增加，台灣處於亞太地區的中心，無論在政治、經濟、文化與社會方面，均與亞太地區有密切的互動。近年來，政府不斷加強與美日政經關係、尋求與中國大陸的政治緩和、積極推動南向政策、鼓吹建立亞太地區安全體系，以及擬將台灣發展成為亞太營運中心等等，無一不與亞太地區的全局架構有密切關係。在現實中，台灣在面對亞太地區時也有本身取捨的困境，如何在國際關係與兩岸關係中找到平衡點，如何在台灣優先與利益均霑間找到交集，如何全面顧及南向政策與西向政策，如何找尋與界定台灣在亞太區域中的合理角色與定位，也是值得共同思考的議題。

　　「亞太研究系列」的出版，表徵出與海內外學者專家共同對上述各類議題探討研究的期盼，也希望由於「亞太研究系列」的廣行，使得國人更加深對亞太地區的關切與瞭解。本叢書由李英明教授與本人共同擔任主編，我們亦將極盡全力，為各位讀者推薦有深度、有份量、值得共同思考、觀察與研究的著作。當然也更希望您們的共同參與和指教。

張亞中

自　序

　　中共意識形態及政治文化一向是我關注的論題，爲了深化自己對此論題的理解並充實相關的知識，筆者又著手了新馬克思主義，特別是法蘭克福學派「社會批判理論」的研究。然則，這些背景並沒有使筆者興起探討當代中國大陸文化變遷的念頭。一方面，這是因爲筆者自認對於中共文藝界之理論及動態了解甚膚淺，不敢輕言嘗試；另方面，則因爲當時尙不曉得可以別闢蹊徑，走其他路子來切入同一主題。一直要到五年前一個偶然的機緣裡，筆者才拋開了過去種種的顧忌，大膽著手了目前這項研究計畫。

　　1992 年夏，筆者因父親年事已高且體弱多病，爲了便於就近照顧，故而離開了執教十餘年的東海大學，北上世新學院任職。在新聞系授課期間，系上基於我的「新馬」背景，邀我開設「文化研究」（ Cultural Studies ）課程。爲了準備這一新課程，筆者著實閱讀了不少相關的文獻，卻也無意間給我多年著力之中國大陸研究，開啓了一扇新的大門。「透過『文化研究』的視野來觀照中國大陸的文化轉型，或許會另有一番景緻吧！」這樣的想法開始

盤旋腦際。儘管如此，我此時關切的重點仍然擺在（法蘭克福學派）哈伯瑪斯（ Jürgen Habermas ）的幾本新論著上。一直要到次年（ 1993 年）的一次研討會上，向幾位中共研究的先進討教後，才確定了此一新的研究方向。當時他們提醒我，目前在海外「中國學」（ Sinology ）界，文化研究的取徑雖方興未艾，但國內尚沒有一本這方面的論著，筆者既然教授「文化研究」課程，又具有「中國大陸研究」專業背景，自應當仁不讓，勉力而為。經此一番開導與鼓勵，筆者遂不再猶豫，當即研擬了一份以後長達四年餘的研究寫作計畫，這即是本書的緣起。

在本書寫作期間，筆者所面臨的最大挑戰之一即是資料蒐集上的困難。這不僅是因為中國大陸資料取得仍然不易，而且還因為父親年邁需要照顧，一向伺候他的老管家也不幸患上老人痴呆症，亦亟需人照料，在現實生活中的重重壓力下，筆者分身乏術，實無足夠餘力再去為資料奔波。幸好有在政大東亞所博士班就讀的溫洽溢學弟肯仗義相助，才使得筆者的難題迎刃而解。洽溢不僅幫我從國內外匯集相關文獻，乃至打字繕稿，而且還屢次參與了筆者研究論題的問辯與詰難，給我提供了許多有建設性的意見，因而本書之出版，首先要感謝的就是他。

本書共分五章及一篇導論，事實上是由五篇獨立的論文所組成。由於是有計畫的寫作，因而在論題上頗具貫連性（詳導論）。其中，第四章〈流行文化與中國式社會主義〉完稿於 1994 年暑假，是最先完成的一篇，但遲到去年（ 1996 年）一月才在政治大學《東亞季刊》（ 27 卷第

3 期）上發表，並於今年得到國科會論文研究獎助(86-2813-C-128-001-003)。此後依次完成的是：第三章〈轉型期間知識份子之自我意識與文化認同〉（ 1995 年 7 月），第二章〈文化轉變、關係本位與想像共同體之重構〉（ 1996 年 4 月），第一章〈從毛到鄧——中共意識形態轉變與經濟改革〉（ 1996 年 9 月），第五章〈中國文化往何處去？——改革開放中的民族主義思潮〉（ 1997 年 5 月）。而第二章和第五章亦已先後在《東亞季刊》發表（分別是 28 卷第 1 期與第 3 期， 1997 年），但在本書集結時，其內容都有所增修。

本書之得以成形，還要感謝我的幾位好友：蔡英文、黃瑞祺、閻嘯平、徐振國、江宜樺等教授，在這幾年寫作期間，他們或者提供資訊，或者參與討論，或者幫忙看初稿並給予評論，這對個人言真是受益匪淺。也感謝揚智文化公司願意出版本書，特別是韓桂蘭小姐的辛苦校對與排版設計。

最後，謹以此書紀念先父及照顧家人四十餘年的老管家，兩位老人家在去年 5 、 6 月間先後過世。這期間，筆者知交東海大學哲學系蔣年豐教授，也因久病纏身，為免拖累學生及家人而懸樑自盡。年豐死時，我正忙於料理家人後事，未有時間為文紀悼而引為憾事，由於他一向關心我的這項研究，也希望藉著這本書的出版，能多少表達我對他的哀思。

不斷面對家人摯友之病老死痛，以及在最後時刻和他們之溫馨相處，這使得筆者在寫這本書時，不免深深地感

染了一份對人生的無奈但又悲憫之情，或許正是由於這種
無奈與悲憫，才給本書的文化批判，提供了最基本的動力
吧！

羅曉南

目　錄

「亞太研究系列」總序　　　　　　　　　　　1

自序　　　　　　　　　　　　　　　　　　1

導論　　　　　　　　　　　　　　　　　　1

第一章：從毛到鄧─中共意識形態轉變與經濟　11
　　　　改革

　　第一節　文化轉變與社會變遷　　　　　　11
　　第二節　毛澤東思想與反現代主義　　　　14
　　第三節　毛思想、現代主義與生產力發展　24
　　第四節　有中國特色的「後社會主義」？　31
　　第五節　「經改」成功的初始文化條件　　37

第二章：文化轉變、關係本位與想像共同體之　49
　　　　重構

　　第一節　文化轉變的一般趨勢　　　　　　49
　　第二節　農村文化轉型中的變與常　　　　57

第三節　　城市文化轉型中的變與常　　　　　　70

第四節　　文化轉變的意義　　　　　　　　　　83

第三章：轉型期間知識份子之自我意識與文化　　97
　　　　　認同

第一節　　改革開放過程中知識份子與　　　　　99
　　　　　西方文化之互動

第二節　　文化傳承與新時期知識份子　　　　　106
　　　　　之自我認同

第三節　　三種知識份子與文化認同之　　　　　117
　　　　　重構

第四章：流行文化與中國式社會主義　　　　129

第一節　　流行文化之復甦與中共當局的關注　　129

第二節　　「文化衫現象」與「毛澤東文化熱」　135

第三節　　「文化(藝)為政治服務」、「群眾　　143
　　　　　文化」、以及「反資產階級自由
　　　　　化」論述

第四節　　「文化市場」論述與「消費文化」　　155
　　　　　論述

第五節　　流行文化、中國式社會主義　　165
　　　　　意識形態與文化認同

第五章：中國文化往何處去—改革開放中的民　　179
　　　　族主義思潮

第一節　　九〇年代文化轉型中的「本土化」　　179
　　　　　現象
第二節　　「中華民族復興」抑「民族沙文主　　186
　　　　　義」？
第三節　　兩種民族主義—李大釗、毛澤東　　197
　　　　　VS.孫中山
第四節　　文化認同、民族主義與文明作風　　221
第五節　　餘論　　228

參考書目　　245
索引　　261

導　　論

　　不同於歷史上的改朝換代，共黨的革命運動同時還是一種價值取向的運動(value-oriented movement)，要和舊社會的價值體系作徹底的決裂，並因而無可避免的會憾動人們習以為常的生活方式。也因此，當一九四九年，中共在戰爭中雖然已取得全面的勝利並掌控了國家機器，但對於其領導階層而言，革命尚未成功，仍有眾多的社會改造工作亟待努力。於是乎在「黨」的領導下，一波一波的群眾運動就如火如荼的展開了，這包括「土改運動」、對知識份子之「思想改造運動」、對幹部之「整風運動」、「反右運動」、文藝界對「武訓傳」、俞平伯、胡風等之「文化批判」運動、「三面紅旗」運動、「文化大革命」及其相關的「批林批孔」運動和「破舊立新」之紅衛兵運動等。

在「解放」的前卅年，這種類型的社會運動幾乎無年無之。雖然它們也都具有其他的任務及目標，譬如：改革幹部隊伍、建構集體經濟體制、調整管理方式，乃至赤裸裸的權力鬥爭等，但無論如何，這些運動都直接或間接的關聯到人們日常生活世界之價值觀的變革及改造。然則，令人訝異的是，儘管經歷了這麼多年的努力，大部分的人似乎也只是在形式上改變了對事物的看法，只是機會主義的採行了革命的論述，以取代革命前的「封建」論述或「資產階級」論述；在深層結構方面，仍然根深柢固的是舊社會的價值，而且一當社會運動急遽減少或停止，當局的此種控制一旦放鬆後，所有舊社會的東西(乃至其「整體生活方式」)，似乎一夜之間又都回朝了。

而更令人詫異的是，卅年來中共當局努力設法變革而終未能成就的改造群眾價值觀的工作，卻在一九七八年後一場以「經濟建設」為名的改革進程中，不期然的達成了。儘管此次文化價值之轉變，其方向未盡符合中共當局原初的設想，乃至與之相抵觸，但其變革之深，幅度之大，甚至牽動了人們最基本的生活方式、文化認同，就此而言，吾人實不得不予以正視，這也正是本書之所以選定此一過程作為研究主題的主要緣故。

本書共分五章，第一章論中共意識形態之鬆綁與其經濟改革之關係，第二章則就此次文化轉變的總趨勢作探討，第三章論知識份子精英層文化價值觀之變革及認同問題，第四章論流行大眾文化及其蘊藏之意識形態功能，第五章則就九〇年代文化思潮之新轉折——民族主義作省

思。

在第一章中,筆者著重指出了:在這一波價值觀念的劇變過程中,文化並不只是中共「經改」的依變數,它同時也「能動的」作用於經濟的變遷,故二者的關聯是辨證互動的。文化的這種「先導作用」,首先表現在權威當局統制之意識形態的鬆綁方面,具體言之,即毛澤東思想到鄧小平「有中國特色的社會主義」的轉折。

毛思想,一般言之,多強調其「上層建築決定論」、「生產關係決定論」或「政治掛帥」等特徵。然則,這種論點容易忽略毛本人並不忽視生產力的發展,與其他重視生產力發展者相比較,其差異僅在於他對「如何發展生產力」有不同之主張,也就是說,毛對「生產力至上」取向之資本主義現代性是有批判的。儘管如此,這並不是說毛思想應被定位為一種純粹的「反現代主義」思想——反「資本主義現代性」,但不反現代性本身。之所以如此,是因為這種定位,一方面仍可能將毛之「抓革命,促生產」中所含攝的實用主義面向(一種「道德—政治」層面的工具理性化)加以化約;而另方面,更重要的是它會一筆抹煞毛思想中某些潛在的「現代主義的要素」,這些要素及其實踐,依據今日學者的看法,形構了中共當前「經改」成功的「初始條件」。同樣都是社會主義國家的經濟改革,東歐之「經改」正因為缺乏這種初始的「繼承結構」而遭受挫折。(註)

就鄧小平「有中國特色的社會主義」而言,它的主要特徵則在於「摸著石頭過河」這種漸進主義的改革路線,

而歸結言之，這又可謂是七〇年代以來整個知識份子精英層「求變」共識的體現：亦即守住「社會主義」、「共黨專政」這個「下限」，以圖發展經濟、變革求存。結果，既採行了「市場經濟」的機制，糾正了毛澤東時代對經濟規律的不尊重，同時也包容了毛思想中某些「左」的觀念及政策，使之發揮其「現代主義」的潛能，促進了生產力的發展。這顯示，儘管中共在政治上仍不開放，但至少在經濟範圍內一種「意見自由市場」已漸次形成，取代了過去計畫經濟下的「一言堂」，這是「經改」成功的「文化」要素，正是在這種「文化——意識形態」層面的變革，爲「經改」之順利展開，提供了必要的前提。

文化的這種轉變，整體而言，就是「文化爲政治服務」向「文化與經濟掛勾」的趨勢作轉變，這是第二章所要處理的論題。在該章中，筆者首先指出，「文化——經濟」相結合的趨勢不僅表現爲「市場」、「競爭」觀念的引進、商業企業文化之大力提倡，而且還涉及對(黨國、族國、人民)集體認同及想像共同體(imaged community)的重構。也唯其如此，才可以說明：何以蘊涵了資本主義邏輯之商業企業文化，竟被官方提昇到道德倫理的層次？而另方面，歷史上種種與商品經濟關聯之「吳文化」、「嶺南文化」、「揚州文化」、「齊文化」等，何以在今日又重新受到正視並予以大力鼓吹？

不過，吾人亦不宜就此下結論，將後面這種文化意義的轉變，視爲不過是官式「中國式社會主義」的表顯，而忽略其中亦具有民間的意涵：反映了一種「關係本位」(而

非「集體本位」或「個人本位」)的文化及其意識形態。這就進一步關聯到該章的第二項論題:在中國大陸所展現的這種文化與經濟掛勾的新趨勢,並非只是像現代化模式所描述的那樣,單純的反映了一種普遍主義的和理性化的取向,事實上,在此同時,一種源於傳統人情倫理而具有特殊主義取向的關係文化,亦得在此過程中大行其道。很弔詭的,在中共長期、刻意的打壓下,這種人情關係的傳承,不僅安然渡過了前階段「政治掛帥」時期的嚴峻考驗,且在此一工具理性日益膨脹的新時期,為自己拓展出一更寬廣而嶄新的「殖民領域」,並同時預設了一種與黨國對抗的、代表民間觀點的意識形態。

在文化層面面臨如此劇烈之轉型時,位於精英階層,傳統上作為文化之主要生產者的知識份子,又在其中扮演了什麼樣的角色呢?這構成了第三章的主題。由八○年代「文化熱」到「六四」鎮壓的經驗來看,情形似乎是這樣,知識份子雖然試圖去扮演文化創造者、啟蒙者的角色,但由於種種政、經條件的限制,並未能與公眾構成一有效的「公共空間」,以致改革開放十餘年的文化啟蒙工作,終究無法贏得民眾的信任與支持,知識份子既未被認同為「創造者」,民眾亦未曾自覺的去接受其啟蒙。啟蒙工作上的這種失敗,再加上當前「文化──經濟」的日益掛勾、商品大潮的銳不可擋,使得某些悲觀者甚至認為知識份子已不需要再去啟蒙別人,反倒是要先保住自己──保住自己的精神獨立和經濟自主。

對於這種純粹負面的認知,筆者認為並無必要。事實

上，在外域文化的引介、選擇和詮釋方面，「啟蒙」的種子業已播下，至少就文化界本身而言，這項努力確實在思想突破、學術研究和文化創新三方面作出了貢獻，而為長期性之文化轉型奠定了堅實的基礎。此外，文化知識界雖然思潮澎湃但啟蒙工作終未贏得民眾迴響的弔詭現象，究其原因，除了前述所謂政、經條件的限制外，依筆者的看法，還關聯到中國知識份子靈魂深處的一種危機意識，一種既涉及個體自我也涉及集體自我之型塑的認同危機，在其中，知識份子之自我定位(「我是誰？」)不僅有賴於對「我們是誰？」的問題作回應，而且這種「集體自我之建構」工作本身即是其自我定位的理據，這是文化傳承賦予他們之獨特使命感所致。也因此，認同危機在中國知識份子身上才顯得尤其深刻。在此新時代、新處境中，他們亟欲透過與外域文化的對話來為其「自我確認」找出路，由於解決的方案各有不同，彼此間遂引發了熱烈的文化爭論；又因為精英份子間是如此的缺乏共識，以致此次的「文化熱」，最終只能限於精英階層，並未能深入群眾向下紮根以發揮「啟蒙」的功能。

除了知識份子精英層自覺的努力於文化的創新外，流行大眾文化在匿跡卅年後，又在中國大陸重現、普及乃至氾濫，亦是文化轉型期中令人矚目的大事。對於流行大眾文化這種普遍發展的現象，一般論者多傾向從「精神污染」、「資產階級自由化」等「解構」主流意識形態的立場加以解讀，依筆者的看法，這種觀點雖不無道理，但卻過於片面，與具體現實不盡相符，因為中國大陸目前亦已

發展出本土化的流行文化，而中共當局對於這類文化並不一味排斥，甚至往往自覺的加以提倡、鼓勵。在第四章中，筆者即以其中之「文化衫現象」及「毛澤東文化熱」為例，來剖析其原委，並試圖顯示：在中國大陸，流行大眾文化之符意功能，除了體現在「解構」主流意識形態這一方面外，它同時也構成了文化霸權的一環，而有助穩定現存之秩序。之所以能夠如此，又是因為中共當局可以透過「五種論述兩重邏輯」——「文化為政治服務」、「群眾文化」、「反資產階級自由化」、「文化市場」、「消費文化」等五種論述及政治、經濟兩重邏輯——來對流行文化之多元價值、個體價值作監控，並將之導引到官方意識形態所容許的方向。如此，一方面滿足了民間的需要，另一方面亦履踐了意識形態的功能，並因而保住了人們的認同。也因此，筆者又指出，「有中國特色的社會主義」作為當代中共之意識形態，不應再被理解為過去那種僵化的、總體性的、鐵板一塊的觀念體系，而應被理解為一種兼具發展性、包涵性以及變化性的概念，以至於在能有效作意識形態「構連」(articulate)前提下，對種種「異議」的聲音作一定程度的容忍。

文化轉型，在進入九〇年代以後，又經歷了一波新的轉折，這即是所謂文化「本土化」的取向。而就意識形態言，則意指中國民族主義思潮的興起，這是第五章關切的問題。

所謂「本土化」是相對於前一階段「文化—經濟」掛勾後，所肇致之文化消費化、階層化、大眾傳媒化，審美

觀泛俗化以及價值分殊化等現象而言，這些現象被認為是文化「他者化」的象徵，所以需要以「本土化」來對治之。這種「本土化」的民族主義思潮，依筆者的分析，又涵蓋了兩種截然不同的向度：一種反映了閉關自守的、強烈排他的、本民族自我中心的文化意識及情緒；另一種則顯示了開放的、包容的、對於作為「他者」之外域文化能夠尊重且互容互攝的文化態度及意識；前者可謂是李大釗——毛澤東之「階級民族主義」(class nationalism)的遺緒，而後者則關聯到孫中山的民族主義主張——一種同時包含了「文化民族主義」及「政治民族主義」的論述。

孫中山的民族主義，筆者認為，由於既承諾「天下為公」、承諾民主化的價值，又能兼顧歷史文化傳承之特殊價值，故可以透過此「普遍——特殊」的環節，為文化之創新發展提供必要之張力，而不至於像日漸「右翼化」之階級民族主義那樣，將一切文化場域內可能之對話，都化約到只是「本土化」這個特殊主義的立場上去，終而窒息了文化本身的發展。也因此，為了保全文化之創新活力，筆者在最後強調，未來對中國民族主義的再現，應該包含一種「文明作風」(civility)，容許各個立場不同之人，各有表述空間，而不是像目前中共官方這樣定於一尊，淪為只是一種民族主義的「意識形態」。

民族主義思潮的興起，固然有其誤區，會誤導文化的發展，但如果導引得當，且能正視過去所忽略之「封建」傳統，並因而展開對話，這未嘗不是一項進步，反而有助於文化的現代化。除此之外，總體來說，改革開放以來中

國大陸之文化轉型，不論就官方意識形態之鬆綁幅度言，或就能反映民間聲音之「關係文化」以及尚能構連官方文化霸權之流行大眾文化的興起而言，或就知識界蘊藏之公共討論的豐厚潛力而言，其成就的確令人刮目相看，與建政之初的卅年比較起來，真不可同日而語。也因此，儘管目前文化現代化之轉型中還遭遇不少滯礙與困境，但吾人對其未來之展望，仍不免充滿了樂觀的期待。

[註] Jeffery Sachs and Wing Thye Woo, "Structual Factors in the Economic Reform of China, Eastern Europe and the Former Soviet Union", *Economic Policy*, Vol.18, No.1, pp.102~145.

第 1 章

從毛到鄧－－中共意識形態 轉變與經濟改革

第一節　文化轉變與社會變遷

　　八〇、九〇年代，中國大陸在經濟現代化的同時，文化領域內也面臨劇烈的轉型，人們既有之價值意義體系，經歷了一波又一波的挑戰、徬徨困惑與重建。在此之前，所有文化都是政治文化，是政治意識形態或其延伸，而隨著「改革開放」腳步的擴展，文化也漸次鬆綁，長期禁錮之文化潛力，一旦爆發，其勢銳不可擋。

　　在精英文化層面，最令人矚目的大事即八〇年代之「文化熱」。全國主要知識份子、文化人大都直接或間接地參與了此次的熱潮。這一方面涉及傳統文化的振興、外域文化的引進；另方面則掀起了一場事涉中西古今文化的

論戰。

　　其次，在大眾流行文化方面，不僅西方國家以及港、臺之流行音樂、時裝款式、影視節目、廣告招貼、明星崇拜等大行其道，蔚爲一時風尙，大陸也還發展出有自身特色的本土流行熱，如「文化衫熱」、「毛澤東文化熱」等。流行大眾文化這種迅速蔓延的趨勢，甚且使得中共當局亦不得不加強社會政治監控，以鞏固其意識形態霸權。

　　此外，還有種種爲回應「改革開放」需要而發展之企業文化、商業文化、行政文化、營銷文化、商業倫理文化、小康文化等；再者，各省各地爲了營利、招徠顧客，又大辦其「文化節」，而飲食文化、養生文化、美容文化、住屋文化、旅遊文化、酒文化等各種文化亦紛紛出籠，五花八門，不一而足。

　　最後，以傳統人情倫理爲基礎之「關係文化」，亦在「中立化」、「工具化」後，再次對人們之日常社會行動，起著重要的作用，（註一）甚且有發展出一種民間立場之「關係本位」的文化趨勢，（註二）它既有別於西方個人本位的文化，與官方強調國家或族國普遍主義的立場亦大異其趣。

　　文化這種蓬勃發展的現象，與鄧小平的「經改」自然息息相關，然則問題是究竟是經濟現代化肇致了文化的繁盛，抑或「經改」本身亦是文化發展之「果」？就學理言，有兩種不同的主張。社會學者歐格朋（William　Ogburn）的「文化落後」論（cultural lag），支持前一種立場。他認爲先是在所謂「物質文化」（material culture）

－工廠、機器、原料、製品、食物等方面發生改變，而後為調適此物質條件才有風俗、習慣及社會制度等非物質的「適應性文化」（adaptive culture）的變遷。（註三）因此，就這種立場言，是中共的經濟改革促成了（非物質性的）文化的發展。但是，社會學界還有另一派的主張，韋伯（Max Weber）即是其中之一，他相信是文化領導（cultural lead）而非落後於物質條件，是清教倫理給資本主義之經濟發展提供前題，而非相反。（註四）就中共而言，這種立場意涵著「經改」乃是文化革新（cultural innovation）、創發新意義之「果」。（註五）

　　兩種主張中，那一種才是正確的呢？學者的建議是端看你分析的起點，亦即你從那裡開始分析。（註六）流行文化的勃興是市場經濟繁榮的結果，但它也是進一步加速市場經濟繁榮的「因」；市場經濟繁榮刺激了文化知識界的反思，形成了「文化熱」，而「文化熱」中「中西文化論爭」的僵持不下，也多少影響了當局「經改」的速度。如是，文化及其物質條件間的關係，究竟言之，是一種辯證互動、相互影響、相互制約的關係。果真如此，那麼我們就不能一廂情願的堅持從本源上講應是「經改」促成了文化的發展；而不同時承認「經改」之採行亦有其初始之「文化條件」。這就關聯到本章的核心問題：「經改」、市場經濟採行之初的文化革新因素為何？它們從何而來？鑒於中共之文化始終帶有「高度政治化的化約性格」，（註七）而「改革開放」前更是如此，故此文化因素自應在其意識形態中探尋。用文化學者威廉士

（Raymond Williams）的話來說，亦即統制之意識形態（dominant ideology）的鬆綁，而促成了文化的更新，（註八）換言之，這意指在某一特殊時刻，過往之文化、社會規則均不適用了，道德價值的真空，迫使人們去重鑄新的指導規範、新的意義，俾有助為人們之生活定向，並使之適應新環境，否則，社會將為之脫序和迷失方向。（註九）就中共言，這標示著「三信危機」及其克服，標示著毛澤東思想到鄧小平「有中國特色的社會主義」的過渡。（註十）

第二節　毛澤東思想與反現代主義

　　就意識形態與經濟發展之關聯而論，從毛澤東到鄧小平的轉折，一般的意見可概括為：從「政治掛帥」、「上層建築決定論」、「生產關係決定論」轉向「經濟掛帥」、「唯生產力論」；前者阻礙生產力，後者則有利生產力，有利經濟發展。這種概括方式雖不能說不正確，但確實容易誤導：（1）把毛澤東當成是純粹的「唯意志論」者，只是一心一意的要去建立其社會主義的烏托邦，而無視於生產力發展的重要性。（2）會忽略毛思想中也有某些要素適於生產力的發展，且實際上能在今日「改革開放」的時代，起著促進經濟繁榮的功能。（3）會過分簡單的將鄧小平之「經改」政策，視為是中共今天經濟建設成功的

全部答案，卻未曾去反思：何以早期東歐與蘇聯都採行過類似的漸進主義的改革模式，但結果卻終歸失敗？

　　爲了避免上述一般論點所可能產生的誤解，我們有必要特別針對這些問題而給毛、鄧思想路線之轉變作一反思性的重建。這首先涉及的即是對毛、鄧思想路線的定位，鑒於相關之文獻、論述過多，這裡只擬選擇性的就美國學者阿里夫‧德里克（Arif Dirlik）兩篇論毛、鄧意識形態的論文作爲討論的起點，它們分別是：＜現代主義和反現代主義－毛澤東的馬克思主義＞和＜後社會主義－對「中國特色的社會主義」的反思＞。（註十一）之所以選擇德里克的論文，筆者有以下的考量：（1）德里克的論點比較持平，不像過去有些論者不是將中共的指導思想看成是馬克思主義的異端（源自中國文化遺產或列寧主義之變形等），就是將它視爲是根源純正的馬克思主義及其發展。（註十二）德里克則始終視毛、鄧思想路線是兩者的統一，一種因應中國現實且關聯到中國文化遺產的馬克思主義者。（2）在對毛思想定位時，雖然對於毛思想中關於「解放乃至發展生產力」的面向著墨不多，但已有所顧及；另方面，德里克在論及鄧小平「有中國特色之社會主義」時亦不至將它全然和毛思想對立，從而否定後者中亦可能潛存著某些有助發展生產力的「現代主義」要素（詳後）（3）德里克在兩篇論文中，分別透過「現代性」（modernity）及與「後現代」相關的概念來對毛、鄧思想路線作新詮，頗能回應我們時代所關心的題旨。質言之，亦即我們正是爲了從新的角度去重新觀照毛、鄧意識

形態與生產力的關聯，俾便啓發新的洞視，因此才選擇了這兩篇比較持平、週全而又頗富時代意義的論文，作爲我們討論的起點，至於其盲點亦當反思批判，俾便進一步拓展乃至導正此一新視野。（註十三）

一、作為「反現代主義」的毛思想

在＜現代主義和反現代主義：毛澤東的馬克思主義＞一文中，德里克將毛澤東思想定位爲一種「反現代主義」的思想。這裡所謂的「反現代主義」是針對「現代主義」而言。德里克指出，後者著重的是「人」在現代化過程中試圖去支配此世界並成爲主體的一種努力，這其中要涉及科學、技術及人類理性的創造性，並由此給改造世界及人的解放提供條件；但在此同時，竟也破壞了那些賦予人類生存穩定性和可靠性的社會關係，以至於一方面，這種現代主義的努力，把人類從大自然中解放出來，而另方面卻又將他們逼到一種人爲工具理性所形構的「牢籠」（iron cage）－如工廠、貧民窟、水泥叢林、理性化國家的官僚主義等。如是，現代性經驗，既是一種創造性的經驗，同時也是一種毀滅性的經驗：它使「一切凝固的東西都化爲烏有了」，「它意味著一個在自身內部永無止盡地進行著內部分裂和解體的過程」。（註十四）

反現代主義正是針對上述現代主義的矛盾而提出的，它是爲了克服現代性之壓抑和異化而興起的一種新的或是「另類」的現代性的追求，俾便去實踐「啓蒙」所承

諾，而在資本主義現代化實踐中未能履行的人類解放（使人成爲主體）的諾言。（註十五）因此，反現代主義所反對的是資本主義的現代性、現代化，而非反現代性、現代化本身。也因此德里克既同意馬歇爾·伯曼（Marshall Berman）所謂「成爲完全現代的就是完全反現代的」；他並且也相信唯其「成爲完全反現代的也就是成爲現代的」。（註十六）至於在此反對過程中，即使運用了某些「封建過去」的東西，也不代表它就是「懷舊心理」、逃避主義，或是前現代的、反動的事物；反之，應被理解爲對資本主義現代性問題的克服以及一種新未來的創造。毛澤東思想正是在此種意義上被認爲是「反現代的」。

德里克指出，就「現存的現代性模式所理解的現代化」而言，毛思想是「完全同現代化的前題條件背道而馳的」，甚且可謂是「封建的」；但就另一類現代化或新的現代性模式而言，它「遠不是什麼妨礙現代性的『封建』渣滓」，它本身也是現代性，而且是「中國的現代性（作爲第三世界現代性的一種）的產物」。就後者而言，毛所面臨之現代性和現代化工程，比在馬克思那裡還更複雜更多向度：它不僅要面對資本主義現代性（所肇至之主體失落）的問題(反資)，而且還要克服歐洲中心主義、帝國主義的問題(反帝)，使得作爲第三世界成員之一的中國社會，能夠真正作爲主體進入全球的歷史選擇（而非只是作爲客體進入資本主義的世界體系）。馬克思主義中國化和民族主義的問題也由此被凸出，而最後，是人民的而非精英的，是農村而非都市的文化，成爲民族之現代文化的希望與寄託。

於是，現代主義的馬克思主義就和中國農村社會前現代之地方文化面對面的遭遇了，（註十七）並成爲推動中國現代化而又能抵制和克服(資本主義)現代性之負面因素的新希望－毛的「反現代主義」思想。

毛的這種「反現代主義」思想，後來不再令人感興趣了，對此，德里克指出，並非毛思想的失敗而是它的成功－它太成功的堅持了一種新的現代性，以克服那些由現代性給中國社會帶來的種種問題。（註十八）

從矛盾是「普遍的、絕對的存在於事物發展的一切過程中」、「貫穿於一切過程的終始」、「要搞一萬年的階級鬥爭」等這些論點中，有些學者看到了毛的虛無性、純否定性，有些學者看到了毛的非馬克思主義的異端性，也有些學者在此看到了道家等中國本土思想對毛的影響，而德里克則是在此看到了這個「流逝、分裂衝突的世界」，看到了大衛‧哈爾維（ David Harvey ）所謂「創造性的毀滅」，看到了現代性的弔詭，「發展的悲劇」。（註十九）

這種從「對現代性的反思」這個世界歷史的角度來對毛思想所作的重新審視，一方面可以和我們當代關心的題旨聯結起來，以表顯其時代的意義及其世界歷史之意涵；另方面，由於反現代主義並不反對現代性本身，透過「封建」過去來批判現代，並不意味著就需要否定現代，因此「封建過去」也可以與作爲現代主義之馬克思主義攜手並進的來反現代，並從而爲現代性服務，這結果就使得德里克對毛思想的論斷，超越了過去那種片斷狹隘的、二分法

式的定位方式：「異端」vs. 馬克思主義的發展；「封建渣滓」、「農民烏托邦」vs.「真正的」馬克思主義的現代化。

德里克的新詮雖然有上述這些優點，但其中亦有不少令人質疑之處，譬如將人們對毛澤東道路的放棄歸因於它克服現代性缺失方面「太成功」，而「文革」肇至的大破壞則是這種「革命實踐……的代價」。這種論斷，似乎又意味著作者心目中的毛思想，究竟言之，是一種不可否證的理論，而毛思想之錯誤則不過是反對資本主義現代性，反對歐洲中心之現代性等必須付出的代價。如果硬要承認失敗的話，那也只能是作者引伯曼的那句話：「社會主義國家既推動現代化又限制現代主義的努力，註定是要失敗的」。換言之，毛思想的錯誤變成了反對「現代性」之毀滅性不可避免的錯誤（及失敗）。而毛本人則變成了悲劇英雄，而不是譚諾思（Ross Terrill）所謂「毛由於無法對付隨著他所創造的制度而來的某些冷酷事實，便虛構了事實」，便提出了「沒頭腦的理論」，導致「沒頭腦的實踐」。（註二十）

很明顯，這樣的立論必須以毛本人是一個真正的反現代主義鬥士為前題，但這正是問題所在。鑒於反現代主義之目標「只有在現代的事物露面的情況下才有可能出現」，而現代性的毀滅性，依作者的意見，又表現在諸如理性國家之官僚主義、現代都市之貧民窟、工廠、水泥叢林，以及人與人之間穩定互信關係（及規範）的破壞等這些方面，（註二一）因此，毛思想作為一種「反現代主義」，

就必需是針對這類現代性問題而來，然則，依筆者的觀點，這類（工具理性化或是異化的）問題在中國似乎並不存在或至少還不算是真正存在(以致形成威脅)；即或後來存在了，譬如人際間穩定互動關係規範的破壞，亦是毛思想實踐之「果」而非「因」，以下，我們將就此觀點作進一步的闡述。

二、將毛思想定位為「反現代主義」的困難

首先，就理性化國家的官僚主義這一點而言，似乎正是毛思想中所堅決反對的，然則毛所反對的官僚主義並不能簡單的等同於現代官僚主義。依毛自己的說法，所謂官僚主義有兩種表現形式，大陸學者陳占難將之歸結如下：一種是高官厚祿，養尊處優，驕傲自滿。這種人，不關心群眾的痛癢，甚至不關心群眾的死活，他們在群眾面前擺老爺架子、官僚架子，不接觸幹部和群眾，不下去瞭解情況，不與群眾同甘共苦，還有貪污浪費等等。另一種是方法簡單、態度生硬、強迫命令、胡亂指揮。（註二二）換言之，依當前中共之表述方式言，官僚主義的主要內容即：「脫離實際、脫離群眾，作官當老爺的領導作風」、「不按客觀規律辦事，主觀主義的瞎指揮」，表現了「命令主義、文牘主義、事物主義」等形式，是「舊社會的衙門作風和反映」。（註二三）這裡主要針對的問題是昔日「封建」或至少「半封建」社會之行政司法體系的弊病而言，而非針對當代理性化國家之官僚體系而言。後者的弊

病雖亦表現爲種種形式主義和繁文褥節的官僚作風，但其病源卻來自於過度工具理性化並因而肇至之人與人之間關係的物化；而前者的問題，則主要不在於過度理性化而是不夠理性化。（註二四）

誠然，依據韋伯的觀點，傳統中國亦有一可稱之爲「家產制官僚體系的合理主義」，（註二五）然則，他指出，這與現代西方之理性化的普遍適用性並不相同，是要受限於那種非理性的「傳統主義」及其相關之家父長制（或其變型之家產制），在其中，君臣、父子這類上下的支配關係是牢不可破的，「恭順」是基礎價值，傳統規範則是神聖不可侵犯的。（註二六）如是，情形似乎是這樣，這種上下層級的固定關係及傳統規範優先於現實需要，才是中共批評命令主義、文牘主義、………以及脫離群眾脫離實際、主觀主義瞎指揮、不按客觀規律辦事的真正原因。

事實上，當代西方學者在比較中共與其它共黨官僚體系時，業已注意到中共官僚理性計畫能力的不足與忽略客觀法則的缺失，這不僅是毛「政治掛帥」所致，即在「一五計畫」中共採行蘇聯模式時期，中共中央對大陸經濟生活的控制即不像蘇聯那麼廣泛且有效，因此代表工具理性化之史達林主義的中央計畫體制在它被移殖到中國大陸後，從未在中國大陸真正生根，（註二七）更遑論過度膨脹。那麼毛所批判的重點究竟言之，還是那種非理性的傳統主義，只是他的對策不是採行加速工具理性化的進路，卻採行了加強意識形態教化，加強革命意志的這種可謂「新」傳統主義的進路來取代舊的傳統主義。也似正因爲

如此，才會給人反理性化進而反現代主義的印象，卻忽略了中共理性化不足與這種「新」傳統主義可能的弊病。似乎也正由此故，今天鄧小平在承認中共官僚主義是一種「歷史現象」，與「歷史上的的官僚主義有共同點」之餘，還強調了它與西方不同，「有自己的特點」，質言之，亦即中共社會主義官僚體制在實踐過程中所形成的特殊官僚主義現象，特別是前述筆者所謂「新」傳統主義現象。而鄧的解決辦法則是加強工具理性化、黨政分開、政企分開等分權措施及加強責任制、充實行政法規等，（註二八）簡言之，加強「民主法制」（其實是加強「形式理性」，促進行政效率）。如是，我們可以這麼說，一方面是緣起於非理性之傳統主義的官僚主義，一方面是社會主義體制下所深化的缺乏法制建設、行政合理性，這兩方面所構成之中共官僚主義現象與現代理性化國家之官僚作風，儘管在形式上類似，但在本質上並不相同。前者基本上是不夠（工具）理性化，而後者則是太過理性化；前者是人治色彩過濃（ personal ），而後者則是太過非人化（ impersonal ）、客化和物化。

　　與官僚主義類似，關於人們陷身工廠、貧民窟以及水泥叢林這種過度工具理性所形成的異化現象，也是要到目前「改革開放」後才逐漸嚴重並凸顯出來，在此之前，都市化現代化尚且不足，更遑論理性化的「牢籠」。

　　至於人際之間恆常穩定關係的破壞，則與現代化發展本身似乎更少關聯，至少「改革開放」前是如此，反倒是與那種被認為要反現代化之理性化的毛思想密切關聯。正

是毛的繼續革命論，「要搞一萬年的階級鬥爭」這類「階級鬥爭擴大化」的觀點及其實踐，才徹底破壞了人與人之間最基本的信任關係。毛的階級鬥爭其實不是那些左派的、反現代主義所認同之「相互承認的鬥爭」，而是一種人對人之工具性宰制這種內涵的鬥爭。

　　如前所述，在毛澤東時代，除了毛思想自己所造成的問題外，並無過度理性化所產生之現代性的毀滅性這種立即的威脅存在，也因此，毛思想儘管具有了某些「反現代主義」的要素，但不能就此將它定位為「反現代主義」，因為它作為「反現代主義」的前題並不存在。果真如此，那麼，這是否意味著所謂「反對資本主義現代性」只是一種預防性的立場？旨在預防資本主義現代化過程的弊病，一如目前在「反資產階級自由化」、「清除精神污染」、「防止和平演變」中，所採取的這種維護民族獨立自主性和保衛社會主義的防衛姿態。這種論點能否成立或許是可以爭論的問題，但至少就德里克本人的理論中卻甚難成立，因為這種防止資本主義以衛護社會主義再併合民族主義的立場，乃是他所謂「有中國特色之社會主義」的立場。（容後論之）而「後」毛時期這種發展取向，他又認定是「採納了公認的(資本主義)現代性觀念」，（註二九）質言之，即一種現代主義的而非反現代主義的進路，儘管在此過程中，它同時也兼顧社會主義和中國在世界體系以及作為第三世界成員之主體性的立場。

　　如是，在現代性之合理性或是工具理性化未充分發展之際，毛思想即或具備了某種「反現代主義」要素(或

潛力），亦難將之定位爲一種「反現代主義」思想。

第三節　毛思想、現代主義與生產力發展

　　既然毛思想本質上並非一種反現代主義，那麼勉強將之定位爲反現代主義，就難免會有不持平、不周全之譏，甚且亦難逃爲毛開脫責任之嫌，而就目前我們所關注之「文化－意識形態」與「經濟－生產力」這兩方面之關聯言，筆者以爲，還有助掩飾或模糊下列三項事實並形成誤導。

　　第一項，使毛思想中與生產力發展相關之實用主義面向被化約，並淡化了中國生產力、經濟發展落後的現實。

　　儘管中共不承認，但許多學者都發現了毛思想中某些實用主義的成素，（註三十）依筆者的看法，德里克正是因爲取消了此一向度，才將毛之重視人的意志與意識、重視階級鬥爭簡單理解爲「反現代主義」的表徵，卻忽略了其中蘊含的手段價值，忽略了它與生產力、經濟發展的聯繫。簡言之，即他只看到了「抓革命」卻忽略了「促生產」。

　　近年來關於毛的評述，一般亦多傾向甚且更激進化了前述這種化約論的立場，例如，強調「毛澤東歷來不關心經濟建設」、「毛澤東並不重視發展生產力」等。（註三一）而事實上，毛本人很重視經濟發展，重視生產力，毛甚且還有「科學技術是生產力」的思想。（註三二）早在一九五八年一月，毛即提出要通過「技術革命」來搞經濟

建設發展生產力。（註三三）而一九六三年，毛在講話中也提到發展中國之經濟和技術，以對抗帝國主義的必要性。（註三四）至於達到生產力發展的方法，今天鄧小平強調的是物質刺激，而毛澤東在他的時代，一方面由於意識形態的對抗正方興未艾，另方面也由於物質條件的相對缺乏使他無法如此去強調。事實上當第一個五年計畫結束之後，中共即面臨了工農業高度脫節的壓力，在「重工輕農」政策的主導下，農業生產被忽視。糧食的增加只能勉強趕上人口的成長。糧食又因氣候而大幅波動。此時增加糧食進口，勢必影響工業所需的資本財，但減少進口又會影響因工業化而擴張之城市勞動力的糧食供應。其次，中共向蘇聯的貸款，此時亦將用罄，而累積之債款亦得從1954~55 年開始償付。先前中共對蘇聯之「入超」，尚可由此貸款支付，此時則必須維持「出口剩餘」以償債。這兩者都使得中共希望採取一種激進的方式來增加農業生產，以籌措所亟需之糧食及資金。再者，當時蘇聯人造衛星 sputnik 號發射和洲際飛彈的試射成功，也使中共領導人相信此時是對資本主義採取強硬路線及迅速社會化的良機。（註三五）此外，當時亦未曾具有像目前這種可總結過去（失敗）經驗的位置。結果，毛遂開始強調人的意志與意識，要調動人們的積極性以發展生產力。日本學者小嶋正己在論及毛之「不斷革命論」時，即正確指出其核心意旨是要「發揮大眾主觀上的主動性……來創造物質條件」。（註三六）澳大利亞學者布魯格（Bill Brugger）亦注意到毛之不同於「批判的馬克思主義」（Critical

Marxism）以及歐洲「新左」之毛派（他們顯然對毛有誤解）的關鍵，即在於前者雖然批判科技官僚專政（「專」而不「紅」），但卻不反對科技，甚且迷信「征服自然」這種科技意識。（註三七）儘管在文革期間，毛的作風不免有「發展生產力這個中心任務，就完全屈從於階級鬥爭這個綱」的偏頗，（註三八）但終究言之，我們無法說他的問題是出在不想發展生產力，而應說是出在「如何發展生產力」這種具實用主義向度的考量上。（註三九）更何況說，強調階級鬥爭還有更實用主義的權力鬥爭的考量，當然這是另一個問題。

德里克關於毛的「反現代主義」論述，由於已預設了「反現代主義不反現代性」的前題，因此不致忽視毛對生產力的重視，但正如西方許多左派學者一樣，（刻意？）忽略了此種「抓革命」之反現代主義與生產力之連繫這一實用主義面向，（註四十）以致只片面凸顯前者、化約後者，並因此種「不平衡」、「不周全」而掩飾了中國生產力尚未發達，關聯到「專」之工具理性、科技理性不僅未膨脹且尚待發展的現實。

第二項，將毛思想定位為反現代主義，固然凸顯了它反資本主義現代性中過度工具理性化的一面，但同時卻易忽略在經濟方面，毛始終未（像其後繼者一樣）跳出社會主義「烏托邦社會工程」－計畫經濟的框框，而後者正是共黨社會中工具理性化的主要根源。

我們知道，馬克思雖然批判資本主義現代化所肇至之剝削與不平等，但他仍然堅持科學、理性、生產力，總言

之一句話，「工具理性化」的發展，其不同只在於他們採取的發展方式。（註四一）而這種不同發展方式落實在社會主義國家，主要即表現為計畫經濟這種工具理性化的形式：由少數科技專家、技術官僚專斷的決定了作為真理的社會發展藍圖。卡爾‧巴柏（Karl Popper）稱此為「烏托邦社會工程」以與「點滴的社會工程」（包括列寧之「新經濟政策」和市場經濟）相對立，前者迷信科學、理性的萬能，後者則承認人類理性的易誤性（falliable）。因此，後者傾向採取「車小好調頭」的漸進改革策略和尊重公眾之民主討論的辦法，（註四二）反對一切藍圖思想。

海耶克（F. A. Hayek）正是從後面這種漸進主義的立場看到了市場經濟的優點：承認人的理性的有限性與尊重(自然)自發性秩序。（註四三）反之，馬克思主義者則視此種自發秩序是盲目的、非理性的「無政府狀態」，應為人的理性(實際上是人的工具理性)所駕馭，結果就造成了社會主義國家現代化過程中新的理性化的「牢籠」。儘管就中共而言，誠如前述，其官僚理性計畫能力尚不足，很難稱得上是過度理性化，但這種可能的威脅始終是存在的，而毛的批判雖然涉及此「牢籠」（反科技官僚專政），他甚至採取了下放經濟權利給地方政府的辦法，消極地減少或預防其弊害（詳後），然則，卻從未設想去變更它—像其後繼者一樣，大膽跳出計畫經濟的框框，另闢私有部門，以較能減少人為理性的疏失體現漸進主義優點之市場經濟，來對治其（計畫經濟）弊病。

如是，毛思想中即或有某些反工具理性、反現代主義

的成份，但就此一節而論，我們亦甚難將之定位爲一種反現代主義。

第三項，將毛思想單純的理解爲反現代主義，會使人們對於毛思想中某些「潛在的現代主義要素」被輕易帶過，而今天的學者認爲，這些要素（質言之，即代表「紅」、代表地方分權之「塊塊專政」的主張），形構了中共目前「經改」成功之「初始制度條件」。

早在一九五六年初，毛即曾對中央過度集權的現象指出：「美國這個國家很發展，它只有一百多年就發展起來了，這個問題很值得注意……它搞成這麼一個發展的國家總有一些原因……看來我們也要擴大一些地方的權力，地方的權力過小，對社會生產建設是不利的。」（註四四）

其後＜論十大關係＞中，毛又指出：「目前要注意的是，應當在鞏固中央統一領導的前題之下，擴大一點地方的權力，給地方更多的獨立性，讓地方辦更多的事情。這對我們建設強大的社會主義國家比較有利。我們的國家這樣大，人口這樣多，情況這樣複雜，有中央和地方兩個積極性，比只有一個積極性好得多。我們不能像蘇聯那樣，把什麼都集中到中央，把地方卡得死死的，一點機動權也沒有。」（註四五）

毛的這類主張，後來成爲中共以「放權」來改革僵硬之計畫經濟體制的依據，也是中共日後所謂「條條」與「塊塊」矛盾的根源。（註四六）及至一九七八年鄧小平開始推動其改革措施之際，毛的這種「放權」（塊塊專政）的主張及其落實，則又成爲改革之「初始制度條件」，並使

得中共之「經改」與其他社會主義國家如蘇聯的改革很不相同：一方面，這種分權式的制度架構，使得中共中央官僚無法像蘇聯般阻礙經改的進行；另方面，在分權架構下中央官僚計畫能力的相對較弱，也使得改革採取計畫權力下放的措施較節省成本，也較與原來的「塊塊專政」結構相應。（註四七）

換言之，中共經改之所以較成功，並不只是因為，如一般所言的，採行了漸進主義改革模式，而且還有此種模式之所以採行的「初始制度條件」－毛時代所遺留之分權的制度架構。這一遺產，據奧依（Jean C. Oi）指出，使得在毛澤東時代，官僚體系網絡即因放權而能夠滲透到社會底層，強化中、下層官僚體系行政協調和運作的能力，較之蘇聯的條條專政，中共地方政府擁有前者所沒有的資源、技術和組織能力。（註四八）如是毛時代的權力下放，其實已建立了一種制度架構，決定性的形塑了後毛澤東時代的歷程；毛時代之塊塊專政結構的問題，依奧依的觀點，也早已不再是官僚行政幹部或行政組織是否具備經濟發展能力的問題，而是在於是否存在充足之誘因動機去發揮行政官僚的效能，促進經濟發展。而改革開放後的重點之一，即在通過財政的改革與農村經濟的「去集體化」等政策，來給地方政府提供經濟的動機。（註四九）

然則問題是：何以同樣的塊塊結構體系，在毛時代，因為不能提供足夠的誘因，以致無法激發官僚幹部發揮效能，促進經濟發展，而鄧小平時代卻反而能夠如此？奧依強調，這與權力下放政策本身或由地方政府來扮演導引經

濟發展的角色無關，而是在於中共當時的平均主義的意識形態及其指引下之國家對經濟的干預。(註五十)換言之，那些從反現代主義角度看來，代表「紅」的，有助於提昇人們主觀能動性的「放權」措施、塊塊專政，在袪除左的意識形態框框而予以重新架構後，卻反而成爲今天中共走現代主義進路之「經改」所以成功的初始制度條件。

毫無疑問，當毛思想被貼上「反現代主義」之標籤後，前述這種潛在之現代主義要素就不免被一筆抹煞了。

總括前述三點反省，我們可以如此歸結：毛思想之重視上層建築、生產關係並不只是單純的「抓革命」，尚有其實用主義的考量，亦即在物質條件欠缺的狀況下，希望藉由革命意志的高揚來取代之，並因而提升中國的生產力。因此，這種政治掛帥的路線亦可視爲是一種「道德－政治」領域的工具理性化。(註五一)其次，單純即使只從經濟面向來理解，毛思想仍固守計畫經濟之框框，這顯示其中體現了一種「烏托邦社會工程」這種可謂是藍圖思想的工具理性。因此，可以如此說，毛思想的特點，並不在於他重視主體性、革命意志與意識，並據以批判了過度膨脹之工具理性，反之，卻在於他重視發展生產力，也未排斥工具理性化的發展，但他發展生產力的方法卻未遵循一種經濟理性化的規律，而是採行了一種頗不契機的「道德－政治」之（工具）理性化的模式，在其中主體的能動性被「片面」且「扭曲」的加以凸顯。不僅如此，毛思想中關於「放權」、「塊塊專政」的主張，這種看似「反現代主義」重視「政治掛帥」但實際上關聯到生產力發展的

成素，甚至還在後毛時期的「經改」中，發揮了現代主義要素的功能，助長了生產力和經濟理性化的發展。這其中一項主要的關鍵即在於鄧小平之漸進主義的改革，逐漸跳脫了計畫經濟這種「烏托邦社會工程」的宿命，兼而採行了一種限制人爲工具理性、尊重自發秩序的市場調節機制。那麼這種作爲背景（context）的鄧小平路線又代表了什麼意義？究應如何定位？這就涉及所謂「後社會主義」的論題。

第四節　有中國特色的「後社會主義」？

　　對於鄧小平之改革路線－「有中國特色的社會主義」或「中國式社會主義」，德里克將之定位爲「後社會主義」。

　　所謂後社會主義，據德里克稱，其靈感來自李歐塔（J. F. Lyotard）的後現代主義，（註五二）亦即要借用此概念中所蘊含的反「後設敘事」（metanarratives）和反「後設理論」（metatheory）的立場，以與過去那種超越歷史、超越國界、超越民族地域的總體化的社會主義論述相區別。（註五三）因爲，目前各國的社會主義，已因應各國不同的國情而本土化了；另方面，各社會主義國家又基於各自之發展困境而必須和資本主義作某種程度的結合，以致現實中的社會主義也就不再像理想中那麼「純粹」了。儘管如此，這並不會造成資本主義的復辟，其關

鍵在於：社會主義雖然不再像過去那麼對現實政策起直接的作用，卻扮演了守護此結合過程的角色，它是思想上的衛士，又透過各國之內「實際存在的社會主義」來給予結構性的制約。（註五四）

後社會主義有以下三種特徵：

1. 它是資本主義和「社會主義」之外的另一條道路。說它「非資」，因爲它還是社會主義；說它「非社」，是說它不是一種「純粹」的社會主義，亦即它不是那種理想的、不現實的、具烏托邦色彩的社會主義，而是一種能因應現實的、「實踐」的社會主義。

2. 它意味著社會主義本身並非圓融自足的。爲了解決「實際存在的社會主義」所面臨的困境，必須轉向社會主義以外的東西，如資本主義、民族主義等來維持或拯救社會主義。

3. 它意指社會主義的普遍性只限於作爲一個「合法的原則」或一「模糊的目標力量」。除此之外，社會主義的普遍性必須讓位於它的特殊性，換言之，要尊重現實提出的要求，要兼顧實踐者之國情和歷史處境。（註五五）

對德里克言，「有中國特色的社會主義」正因爲具備了這三項特徵（非「社」非資、向資本主義取經、兼顧國情歷史），故屬於後社會主義。事實上，他認爲中國社會

主義從起源上即是後社會主義的，後來是毛澤東為了應付新民主主義政策所肇至之矛盾，而錯誤的將提供理想的「烏托邦」計畫當成了「實際情況」，才偏離了後社會主義。反之，目前，「有中國特色的社會主義」則又退回至建國初期「緊接著新民主主義的發展階段」。作為「社會主義初階段」，此階段雖然已廢除了私有財產並完成了生產資料的社會主義改造，但卻保留了許多新民主主義的特徵：它要透過市場經濟和計畫經濟的結合發展經濟；它是走向社會主義而非復辟資本主義；它不但要滿足社會主義的要求，還要符合本國自主發展的需要；社會主義作為歷史發展之目標（理想）外，還扮演了從資本主義吸取經濟活力過程中「守護者」的角色。這些特點，德里克指出，都來源自（或體現在）應被尊為中國「民族主義之父」及「社會主義之父」的孫中山的構想中，他的社會主義思想，既肯定了資本主義之「競爭」作為發展動力的價值，又同時主張以社會主義來防止其不良後果，儘管這種社會主義思想，德里克認為，仍「是有侷限性的」，但卻影響持久。（註五六）

對於鄧小平「有中國特色的社會主義」所作的「後社會主義」定位，筆者認為確屬允當，體現了眾多優點，可分為兩方面來說明：

首先，就其「反」後設理論的立場言，後社會主義意味著對各種不同聲音一定程度的包容（相對於過去而言，尤其如此），這與鄧小平溫和漸進主義的改革路線相符合：（1）鄧之「經改」所採行的是「摸著石頭過河」這

種漸進主義的辦法，因此，其所堅持之社會主義可謂只定了「下限」，一旦跨越此門檻，社會主義盡可以有多種表述及發展的空間，完全視實際需要而定，資本主義市場機制亦得依需要而漸增其份位。而另方面，市場機制的採行及擴大，亦日益沖淡了計畫經濟中那種「獨我」、「獨斷」的理性，兼容並蓄了其他理性決策人的聲音，同時亦得在此自然、自發的秩序前，承諾了人的理性的有限性，接受了市場機制所建議的對其決策的修正，如此，整體經濟的發展因而大具彈性，漸次跳出了毛式「烏托邦社會工程」的死胡同。（2）也正因為此種漸進主義路線具有彈性，未定於一尊，因此毛澤東時代之遺產－前述代表「紅」反對「專」之放權或「塊塊專政」的政策及作為，亦得在此專業掛帥時代，配合市場機制的運作，讓地方官僚幹部在取得足夠之經濟動機後，發揮其「現代主義」的效應，成為「經改」成功之初始制度條件。（3）「摸著石頭過河」的漸進主義，也使得改革之初知識份子間爭議社會主義究應何去何從的雜音在後毛澤東時期的社會中都多少可以被涵容。事實上，早在六〇年代末七〇年代初，下放知青對於毛領導下之社會主義制度之合理性，就已開始質疑；當鄧小平開始提出其改革開放政策時，體制變革的方向、幅度在知識份子間雖有爭議，但「變革」本身卻是知識份子間普遍的共識，（註五七）而其中許多知識份子隨後並得通過「士人－知識份子共同體」，藉著給權力精英作諮詢顧問，來「盡言責」直接影響改革方向。（註五八）爾後，八〇年代之「文化熱」中，知識界亦得以對「中國往

何處去？」大開爭論之門。這些現象都顯示了鄧之漸進主義路線對不同聲音具有較大的包容性，與毛澤東時代激進路線下之「一言堂」恰成對比。（４）鄧的新路線不僅是對知識份子，而且對民間的自發性的聲音，亦具有較大的包容性，這不但表現在市場機制所反應之投資人的經濟決策中，亦表現在各色各樣此起彼落的流行文化中。而另方面，在政府一片聲討聲中，源自傳統之關係倫理仍得以興起並大行其道，亦間接反映了民間「另類」的聲音。（詳下一章）

其次，就「後社會主義」對社會主義之「守護」以防止資本主義復辟而言，這種定位相當地凸顯了鄧小平路線之「實事求是」的性格。既然社會主義在此只是作為一種理想，因此就不必急於求成，不至於和「反現代」之烏托邦主義有任何瓜葛；甚至對於未來，亦可以有不同的想像。換言之，它只守住社會主義的「下限」，對於「上限」則甚具彈性。而之所以如此，主要的著眼點還在於經濟發展的考量，亦即認為當前的矛盾主要是存在於生產力不足和人們日益增長的經濟文化需要這兩者之間，因此，只要不違背社會主義這個大前題，任何有助生產力發展的措施，包括資本主義市場機制在內都可以被採行。也因此，除了「實事求是」的特性之外，「守護者」這種角色定位，還暗示鄧小平路線中實用主義、功利主義和經濟掛帥的一面。

前述「後社會主義」的定位，相當正面的勾劃了鄧小平改革路線的特點，然則這種勾劃或許過於「同情的瞭

解」，以致於缺乏任何批判的洞察而易誤導，因此有必要加以澄清。

　　首先，「後社會主義」所預設的反後設理論立場，會給人們一種中共在意識形態方面已多元化、政治文化已民主化的假象，而忽略了當前官方路線「實用主義」考量中政治現實這一面。事實上，在意識形態上容許有不同聲音，對未來社會主義前景可以有不同的想像，這都是有一定限度的，亦即它不能跨越當局所主觀認定的範圍。誠然，多種聲音如果有助於生產力的發展，功利性之個人主義亦可以被容忍；但如果對生產力無助益，且當局認為可能會造成「懷疑或否定社會主義和黨的領導的思潮」時，（註五九）自然就要堅決予以痛擊，要「清除精神污染」，要反對「資產階級自由化」，甚且不惜以「反革命暴亂」的罪名加以鎮壓。如是，對於意識形態霸權有限度的開放，才是後社會主義反後設理論的真意，更何況這種反後設的立場也只限於對社會主義的表述，與其他有關意識形態的後設論述並不相干，這似乎正是近年來那種表現了大理論(grand narrative)形式的、具宰制性、社會達爾文主義式之民族(或族國)主義論述在中共意識形態中日益膨脹的緣故。

　　其次，將社會主義視為只是「守護者」而不直接干預到現實政策的運作，這種界定雖有助區隔毛、鄧路線的差別，但卻可能會掩飾其中涉及之權力鬥爭的向度。質言之，亦即將「四堅持」這類主張，視為不過是守住「社會主義」這個下限，以維持政權不致「變天」而已，卻完全

略過了共黨專政不容許其他政黨民主競爭的實質。因此，正如將毛思想定位為「反現代主義」，會淡化它在政治權力爭奪中的功能一樣，將「有中國特色的社會主義」定位為「後社會主義」，亦不免有為今天當權者之不容異己遮羞掩過之嫌。

　　歸結前述論點，我們可以如此說，以「後社會主義」來詮釋鄧小平時代之中國式社會主義路線，與其說是對實況的描述與勾勒，不如說是對它的一種期許。

第五節　「經改」成功的初始文化條件

　　對德里克而言，毛思想乃是「反現代主義」的表徵，而鄧小平「有中國特色的社會主義」則是「後社會主義」的典型。如是，從毛到鄧，就本文所關注之經濟、生產力發展的題旨著眼，實意味著從政治掛帥、凸出上層建築及生產關係這種反現代主義的立場向凸出生產力、經濟掛帥之現代主義的過渡，是從烏托邦社會工程轉向了點滴的社會工程，從對「社會主義烏托邦」之實踐的堅持，折回到起步時(新民主主義時期)較多元化且更與國情貼切的「後社會主義」－其中，給社會主義更多的表述空間並且只視它為「守護者」，這都是為了發展生產力而採取的實用主義的考量。

　　然則，這樣來定位時，會忽略毛之強調的政治、上層

建築或生產關係也是爲了發展生產力，毛思想中所側重的「放權」、「塊塊專政」放在不同的架構中也可以成爲現代主義的要素；而另方面，「後社會主義」的立意雖佳，卻也會在強調其溫和漸進、容許不同聲音以發展生產力的實用主義的特徵時，輕忽其維繫政治權力、共黨專政的一面。

　　如是，從對德里克論文的解讀與批判中，我們重建了毛到鄧的轉折之於生產力、經濟發展的意涵：雖然毛思想中滲雜了某些反現代主義的要素，但毛決不是什麼反現代主義者，反之，是在物質生產力落後、技術工具理性尚未發達的情況下，毛因爲急於求成而採取了凸出革命意識這種「抓革命、促生產」的作法，並藉此打擊了政敵。不僅如此，毛思想中強調下放地方權力，讓地方能發揮積極性的設想及政策，甚至還是一種潛在的、現代主義要素，形成了日後鄧小平現代主義形式之「經改」成功的初始制度條件。而鄧小平路線中所體現的實用主義暨功利之個人主義的倫理取向，使得市場機制可以被採行，外資技術之利用合法化了，並因而對毛澤東時代不尊重經濟規律，妄想以精神取代物質條件這種不斷革命論的偏失起了糾正的作用，而有助經濟的發展。然則，更重要的或許還在於其宏觀面之「摸著石頭過河」這種漸進主義的路線，在其中，「點滴之社會工程」漸次取代了昔日那種「烏托邦社會工程」藍圖思想的陷阱，使得改革可以不斷因應現實而作調整，不斷的在錯誤中取得教訓，不斷的去修正改革的方向，正是在這裡，鄧的路線可謂是對七〇年代以來中共精

英層中其改革反思之彙整。這些改革的反思或者要求在既有之社會主義框框內調整，或者要求突破既有之框框，或者認為只要糾正了毛的錯誤恢復原先的路線即可，儘管有如此不同的論點，然則其共識都是要「變」，要改變毛的路線，而「摸著石頭過河」則可謂即此「變」之共識之體現，它並未告訴你社會主義究竟是什麼？社會主義究竟要如何和資本主義手段相調和？它只是在變革現況和發展經濟，而對社會主義的監護也只是守住「下限」－守住它作為一個理想，但事實上則是守住共黨對政治權力的獨佔，換言之即變革但不致「變天」，「變天」即不是社會主義，因此，對社會主義的守護在此意義上似乎也只是純粹權力的考量，再加上目前經濟發展中貧富差距愈形懸殊的現實，似乎更顯示了社會主義路線之堅持日益口號化了。也正是在這裡，我們可以說「後社會主義」這種定位確有其限制，就是說，在目前這種過渡變革的社會中，多元的聲音還極其有限，專政尚未讓位給民主的多黨競爭，社會主義只是政治宰制的護身符，就此而言，後社會主義還比較是一種理想、一種期許；但在此同時，我們也得承認：在經濟現代化方面走符合自己國情、自身需要之獨立路線，且已成功的走出了一大步，就這點而言，用後社會主義來指稱它卻是頗貼切的。

　　總結言之，就目前中共經改成功之文化條件言，意識形態的轉變無疑是起了文化先導的作用，但在我們肯定鄧小平「摸著石頭過河」之漸進路線時，我們不應忘記的是此一路線的提出，事實上是彙整了整個七〇年代以來知識

份子精英層「求變」的共識，而不只是少數領導者的英明睿智；而另方面，我們也不應忽略毛思想中許多「左」的觀念、政策，也在鄧時代向「右」轉的改革中起了發展生產力的作用；這其中之關鍵還在於當前之經改路線能容納較過去更多不同的聲音，只要有助生產力而又不致危及政權的聲音，基本上都可以被容許，包括毛澤東某些較左的聲音。換言之，至少在經濟範圍內一種意見自由市場已漸次或正在形成中，取代了過去計畫經濟下的「一言堂」，這是經改成功的文化要素，正是在這種「文化－意識形態」層面的變革，爲經改的順利開展提供了基始的條件。

【註　釋】

註一：金耀基，＜關係和網絡的建構－一個社會學的詮釋＞，見金耀基著，《中國社會與文化》（香港：牛津大學出版社，1992 年），頁 64~85。

註二：詳下章及 Mayfair Mei-hui Yang, *Gifts Favors and Banguets : The Art of Social Relationships in China*(N. Y.: Cornell University Press, 1994), p.291.

註三： Wendy Griswold, *Cultures and Societies in a Changing World*(London: Pine Forge Press, 1994), p.61.

註四： Ibid., pp.61-62.

註五：這仍是順著 Griswold 對韋伯的詮釋理路， Ibid., p.63.

註六： Ibid., 64.

註七： 李英明，《現階段大陸政經社會發展與兩岸關係》（臺北：永然文化出版公司，民國 83 年），頁 144。

註八： See Raymond Williams, "Base and Superstructure in Mar-xist Cultural Theory" in Williams' *Problems in Materialism and Culture*(London: Verso, 1980), pp.31-49.

註九：同註五。

註十：此地所謂「毛思想」主要指的是施拉姆（Stuart Schram）所謂「具有特定含義的毛澤東的思想」，亦即「在一九五一年以後出版的《毛澤東選集》和其他公開發表的毛的講話和著作」，包括「文革」期間當作「最高指示」的語錄裡的正統學說，而與中共目前將「毛思想」視為是毛著作中仍被當局認為正確並由周恩來、劉少奇等補充發展的思想不同。見斯圖爾特·施拉姆，《毛澤東的思想》，中共中央文獻研究室「國外研究毛澤東思想資料選輯」編輯組編譯（北京:中央文獻出版社，1991年），頁 241。

註十一：阿里夫·德里克著，方朝暉譯，＜現代主義和反現代主義－毛澤東的馬克思主義＞，《中國社會科學季刊》，第四卷，1993 年 11 月，頁 37-49。＜後社會主義－對「中國特色的社會主義」的反思＞（以下簡稱＜後社會主義＞），載李君如、張勇偉編，《海外學者論「中國道路」與毛澤東》（上海：社科院出版社，1993 年），頁 299-328。

註十二：關於對毛思想此種兩極論點見李君如，＜歐美學者研究毛澤東思想情況概述＞，載中共中央文獻研究室「國外研究毛澤東思想資料選集」編譯組編譯，《日本學者視野中的毛澤東思想》(北京：中央文獻出版社，1991年)，附錄一，頁 180-184。而鄧小平上臺後的「撥亂反正」，亦為許多左派學者視為是背叛了馬克思主義。

註十三：此外，選擇此二篇論文還因為：它們發表的時間較晚近，所受到的矚目及相關的討論亦較多，而且事實上，這兩篇論文亦分別由香港和大陸學者譯成中文刊登在雜誌上或收編在專書中。其中，關於毛之反現代主義一文，見德里克為《中國社會科學季刊》所寫，原文為英文，但刊出時即因限於篇幅只登了中文譯稿。至於＜後社會主義＞一文收入 Arif Dirlik and Maurice Meisner, ed., *Marxism and the Chinese Experience* (Armonk, N. Y. : M. E. Sharpe, 1987), pp.362-384. 又，前述德里克＜後社會主義＞一文尚載入冷溶編《海外鄧小平研究》（山西：經濟出版社，1993年）一書中。

註十四：＜現代主義和反現代主義：毛澤東的馬克思主義＞，頁 38。

註十五：同上。

註十六：同上，頁 37-38。所引伯曼之言見 Marshall Berman, *All That is Solid Melts Into Air: The Experience of Modernity* (N. Y. : Penquin Books, 1988), p.14.

註十七：同上，頁 41-43。

註十八：同上，頁 47。

註十九：同上，頁 40-41。關於 David Harvey 對毛的論點請參照 Harvey 著 *The Condition of Postmodernity*(Oxford: Basil Blackwell, 1989), p.16.

註二十：德里克，＜現代主義和反現代主義：毛澤東的馬克思主義＞，頁 39, 47。 Marshall Berman, *op.cit.*, p.90。又所引 Ross Terrill 之言，轉引自李君如，＜歐美學者研究毛澤東思想資料選輯＞，前揭書，頁 198。

註二一：德里克，同上，頁 38。

註二二：張文儒主編，《毛澤東與中國現代化》（北京：當代中國出版社，1993 年），頁 266。

註二三：李天、孫敬勛主編，《簡明黨務工作辭典》（北京：中國展望出版社，1990 年），頁 104，「官僚主義」條。

註二四：前現代社會所缺乏的是工具理性，而非實質理性或絕對理性（ absolute reason ），後者將手段和目的關聯固定了，卻不顧及其生產上之有用性，以致阻礙了現代化之進步和變遷，而工具理性化後則能極大化宰控、調適與生產性。見 Jeorge Larrain, *Ideology and Cultural Identity: Modernity and the Third World Presence*(Cambridge: Polity Press, 1994), pp.8-9.

註二五：韋伯著，簡惠美譯，《中國的宗教：儒教與道教》（臺北：遠流出版社，民國 78 年），頁 160,208。

註二六：同上，頁 160, 214-215, 229。韋伯著，康樂、簡惠美

　　　　譯，《宗教與世界》（臺北：遠流出版社，民國 78
　　　　年），頁 92, 96-97。

註二七：See Susan L. Shirk, *The Political Logic of Economic
　　　　Reform in China*(Berkley: University of California Press,
　　　　1993), pp. 11-14. Yasheng Huang, " Information,
　　　　Bureaucracy and Economic in China and the Soviet
　　　　Union," *World Politics*, No. 47, 1994, pp. 102-134. 溫
　　　　洽溢，＜論中共的漸進主義改革：制度典範的分析＞，
　　　　《東亞季刊》，第 27 卷，第 6 期，1996 年，頁 83-
　　　　85。

註二八：鄧小平，＜黨和國家領導制度的改革＞，1980 年 8
　　　　月 18 日，《鄧小平文選》（1975~1982 年）（北京：
　　　　人民出版社，1983 年），頁 287-288。

註二九：＜現代主義和反現代主義：毛澤東的馬克思主義＞，
　　　　頁 47。

註三十：如 Hebert Marcuse 和 John Bryan Starr 都曾經有此看
　　　　法，參見葉衛平，《西方「毛澤東學」研究》（福州：
　　　　福建人民出版社，1992 年），頁 30。

註三一：李君如，《毛澤東與當代中國》（福州：福建人民出
　　　　版社，1991 年），頁 4。

註三二：朱陽，郭永鈞主編，《毛澤東的社會主義觀》（北京：
　　　　人民出版社，1994 年），頁 478。

註三三：《黨的文獻》，1991 年，第 6 期，頁 12。

註三四：中共中央文獻編委會，《毛澤東著作選讀》（下）（北
　　　　京：人民出版社，1986 年），頁 848-849。

註三五： Alexander Eckstein, *China's Economic Development: The Interplay of Scarcity and Ideology*(Michigan: University of Michigan Press,1975), p.49 and pp.280-281. Shinkichi Etó," Communist China: Modera- tion and Radicalism in the Chinese Revolution,"in James B. Crowley ed., *Modern East Asia: Essay in Interpretation*(N. Y.: Harcourt, Brace & World, 1970).

註三六：小嶋正己，《大陸市場探索》（臺北：創意文化，民國七七年），頁 17。

註三七： Bill Brugger, " Mao, Science, Technology, and Humanity "in Arif Dirlik and Maurice Meisner, ed., *op. cit.*, pp. 117-135.毛的這種態度可以如此理解：在物質條件不足的情形下去發展生產力，為了調動積極性，有必要加強革命意識形態（紅）而非科技官僚掛帥（專）。

註三八：朱陽、郭永鈞主編，前揭書，頁 482。

註三九：同上，頁 480, 482-483。

註四〇：莫里斯·邁斯納（ Maurice Meisner ）即有此傾向，雖然他也注意到毛對科技、生產力的重視，但卻強調毛在考慮技術、生產力問題時是「人的意識具有決定性作用」，以至他得出毛思想之「極端唯意志主義」的特色。見氏著＜毛澤東的不斷革命論＞，載洪峻峰編，《西方學者論毛澤東》(福建:廈門大學出版社， 1993 年），頁 148-160。

註四一： Jeorge Larrain, *op. cit.*, p.8.

註四二：朱浤源，《卡爾巴伯》（臺北：風雲論壇，民國 80

年），頁 171-213。

註四三： See Anthony De Crespigny, " Freedom to Progress " in A. D. Crespigny and K. Minogue ed., *Contemporary Political Philosophers*(N. Y.: Dodd, Mead & Company, 1975), pp.49-66.

註四四：薄一波，《若干重大決策與事件的回顧》，上卷（北京：中共中央人民出版社，1993 年），頁 488。

註四五：毛澤東，＜論十大關係＞，《毛澤東選集》，第五卷（上海：人民出版社，1977 年），頁 275。

註四六：張文儒主編，前揭書，頁 78。朱陽、郭永鈞主編，前揭書，頁 259-263, 270-271。

註四七：同註二七。

註四八： Jean C. Oi, "The Role of the Local State in China's Transitional Economy," *The China Quarterly*, No.144, 1995, pp.1133-34 and p.1147.

註四九： Ibid., pp.1136-37. 溫洽溢，前揭文，頁 89。

註五〇： Ibid., p.1134.

註五一：以有別於純粹的經濟理性化，見 Mayfair Mei-hui Yang, *op. cit.*, p.40.

註五二：德里克，＜後社會主義＞，頁 317。

註五三：同上。李英明，《鄧小平與後文革的中國大陸》（臺北：時報文化，1995 年），頁 92。

註五四：＜後社會主義＞，頁 302, 316。

註五五：同上，頁 318-320。

註五六：同上，頁 314-318。

註五七： Michel Bonnin and Yves Chevrier," The Intellectual and the State: Social Dynamics of Intellectual Autonomy During the Post-Mao Era," *The China Quarterly*, No. 127, 1991, pp.573-574. 陳子明、王軍濤主編,《解除中國危機:關於中國政經環境的報告》（加拿大：明鏡出版社, 1996 年）,頁 5-8。

註五八： Ibid., pp. 572-573. 陳子明、王軍濤主編,前揭書,頁 244-245。

註五九：《鄧小平文選》,第三卷（北京：人民出版社, 1993 年）,頁 43。

🖃 第 2 章 🖃

文化轉變、關係本位與
想像共同體之重構

第一節　文化轉變的一般趨勢

　　在一九六一年出版之《漫長的革命》一書中，文化學
者雷蒙‧威廉士曾指出，英國社會現代化的變革，不僅涉
及了工業的發展、民主的改革，而且還進行了一場與工業
及民主革命相比毫不遜色的「文化革命」。（註一）很巧
合的，同是六〇年代，毛澤東也在中國社會主義的現代化
建設中，拋出了「文化大革命」的口號，然則反諷的是，
十年「文革」的結果，除了政治權力鬥爭外，似未顯示任
何文化現代化的癥候，反倒是一九七八年以後的一場「經
濟改革」，卻不期然的引發了「文化」層面空前的變革。
這裡之所以冠上「不期然」的字眼，並不只是說此次文化

變革的方向，早已超過了「社會主義精神文明」的規劃，以致有所失控；而且還意味：對於處於此項變革中的一般中國人而言，這種甚至對於日常生活方式也造成憾動的變化，確實是始料未及的。因此，儘管與各國之現代化發展經驗相對照，這一波的文化價值變革或許還只是邁開了一小步，但對承受變遷的主體而言卻是空前的、極具震憾性的。

概言之，此次變遷的特徵是從以往之「文化為政治服務」向「文化為經濟服務」（或「文化－經濟掛勾」）的方向轉變。其中，除了與政治意識形態密切關聯的文化內涵外，凡不能與當前之「經改」配合或不能在市場上找到出路的文化，都不免倍受冷落；反之，在市場上有出路、或能與「經改」密切配合者，則大行其道，甚或與官方意識形態稍有出入，亦往往予以容忍。儘管如此，這距離文化體系自主發展的理想還十分遙遠，不過就減少政治監控、充實文化之經濟基礎而言，也的確是一進步。

從以下幾方面的發展，我們可以多少對此一文－經掛勾的整體趨勢略窺一斑：

第一，當前之文化事業中，市場機制、競爭機制以及商品觀念，表現了越來越強的作用。

各種文化生產為了竭力迎合市場經濟的需求、和民眾的情趣而展開競爭。在所謂書刊「發行大戰」中，形成了書報攤突然劇增的現象。在廣播之「電波大戰」中，冷清多年的廣播也因之重振雄風，各地經濟臺、新聞臺、文藝臺、交通台、諮詢臺紛紛成立。此外，各省各地亦大辦文

化節，藉以招徠四方客商和投資者。而消費文化方面，亦有諸如酒文化、飲食文化、養生文化、美容文化、住宅文化、旅遊文化等種種名目，種類繁多且不斷更新。（註二）此外，經典性的古籍、詩詞也免不了「市場幽靈」的干擾，至於群眾非商品性之自娛活動如街頭扭秧歌、卡拉OK、跳迪斯可舞、健美操等，則更隨城鄉居民經濟的富裕以及隨之而來觀念的變化而蓬勃發展。在文化交流方面，還造成了「觀念北伐、文化南下」，亦即南來的商業文化溶解了冰凍之北方文化中那種僵硬刻板的觀念及生活方式。而南方市場的繁榮則吸引了北方文化人的南下，並紛紛將其作品拿到包括港、臺在內市場條件較優的南方出版。（註三）

第二，企業文化、商業文化的大力提倡與發展。

「經改」之初，還只是以「承包制」，以獎金、紅利來鼓勵生產，目前則進一步提出要加強「企業文化建設」，認為「企業文化」是一種「亞經濟文化」，承認過去（五〇年代以後）的錯誤在於「只強調政治素質，忽略了企業文化的建設」，以致「很少用企業哲學道德傳統、生產方針、經營原則和行為風格」去培訓職工，結果他們既缺乏「現代化大生產需要的經濟技術和嫻熟之技術職能」，亦缺乏市場競爭意識，使得企業「經濟色彩淡薄」。（註四）而目前在「文化同經濟的一體化發展」的前題下，不僅凸出市場意識、企業精神、企業管理原則，更強調要以「文化力」來拓展市場經濟，以呼應日益增加的「文化正在走向企業、走向市場」的趨勢。（註五）「企業文化」熱潮

過後，又有討論「商業文化」的熱潮，希望在發展企業文化的基礎上，進一步去發展商業文化、營銷文化、商業倫理文化及商業環境文化。（註六）

第三，目前在論及農村文化建設時，一般的論述也都強調了一種文－經結合的判準，迥異於過去「政治掛帥」的時代，卻反映了當前農村的普遍文化心態。

譬如關於呂梁山區、太行山區農村文化水準質量嚴重落後的問題，論者的立場就強調：由於這些地區不可能像經濟較發達地區（如蘇南農村）之鄉鎮文化站、村屯文化室那樣「要人有人、要錢有錢、要設施有設施」，所以才會出現文化工作的「滑波」、「塌波」。也因此，「類似呂梁這樣的貧困地區，經濟狀況決定他們短期內不能完全靠自身解決文化發展的經費問題」，貧困的文化生活，需要政府的大力扶持。（註七）誠然，在過去吃「大鍋飯」的時代，落後地區文化經費不足的現象可以透過國家的調撥投入來補充；而今日「以文補文」之「文化市場化」取向，則促成了經濟落後地區之文化推廣困難，需要扶持自無庸議，似乎並未涉及文化判準的問題，但深入一層思考則顯示這確實是實情。我們知道，在過去「政治掛帥」強調「一窮二白」好革命的時代，艱苦地區固然也有文化設施普遍不足的現象，但這決非就意味著文化水準質量也低，或「革命精神」不夠高，而另方面，經濟繁榮之城市地區，其文化設備、文化經費雖較充裕，卻可能正是資產階級思想污染的溫床。（註八）因此，就「革命標準」言，其文化水準質量反而低於經濟落後地區。也因此，「知青」

要下放，文化人也要「下放」，下放農村向農民學習。然則，當目前文化－經濟掛勾的趨勢日益突顯後，農村文化的發展，就越來越淡化政治標準而強調經濟標準，不僅對貧困之農村地區，即對較富庶農村所謂「小康文化」的評估亦復如是；其中強調小康文化不應忽略「與現代工業化大生產方式的統一性」、「文化消費向多層面、高檔化發展的傾向性」（註九），而對小康文化之「以小康經濟為基礎」，「服從於小康經濟」這種「文化搭台，經濟唱戲」、「文化與經濟聯姻」的關聯亦直言無諱。（註十）而事實上這種評價標準也相當反映了現實農村農民的文化心態：文化失範及實用、功利價值取向的抬頭。（註十一）

第四，文－經掛勾的趨勢不僅展現在商、企業文化和農村文化的建設與發展上，而且也涉及了思想政治工作的運作以及對共產主義道德原則的定性。

在論及思想政治工作與物質利益的關聯性時，中共今日流行的表述的形式是強調「要把思想政治工作與經濟管理結合起來；把共產主義思想教育與按勞分配原則結合起來；把精神鼓勵與物質鼓勵結合起來」。（註十二）對於過去那種離開了物質利益來談革命精神的作法，則認為是「違背了唯物論」。（註十三）而在論及作為共產主義之藝術道德原則的「集體主義」時亦不忘強調它與物質利益的關聯，甚至如此宣稱：「不論在革命戰爭年代還是在社會主義現代建設中，任何輕視物質原則的觀點，都直接背離了馬克思主義」。（註十四）儘管在這類論述中，在提及物質原則的同時，亦未曾忘記一提「革命精神」、「集

體主義原則」，因而不能簡單地等同於「經濟主義」、「經濟掛帥」，但與過去「抓革命、促生產」時代相對照，如此凸出物質利益，如此凸顯經濟面向，的確令人印象深刻，難以想像。

第五，文－經結合的普遍趨勢也表現在對此種商業趨勢的不安、畏懼和種種批判的聲浪中。

從官方立場而論，這可以包括在「反資產階級自由化」、「反精神污染」和「端正黨風（反腐敗鬥爭）」的論述中。這其中既有對時下普遍之金錢崇拜、唯利是圖風氣的指責，對「把精神產品商品化的傾向」之撻伐，（註十五）亦有對那些「缺乏在商品經濟環境中…鍛鍊」以致「意志薄弱」而「成爲金錢的俘虜」這類幹部的謂嘆。（註十六）而在知識份子和文化人方面，或則表現爲對文化極端市場化的反彈，或者表現爲對商品話語之市場操縱的嘲諷。女作家陶斯亮的觀點反映了前述第一種立場，她憂心的指出「純商業原則是文學的大敵」，過去文學並沒有被『左』的政治力量消滅，但目前卻可能被純商業原則所摧毀。「商業文化要取代嚴肅文化的趨勢」如不迅即予以遏止，長期以往勢必造成「整個民族文化水平的嚴重下降」。（註十七）而北大教授王岳川則採取了第二種立場，他顯示「商品化的邏輯」已「浸漬到人們的思維」和「瀰漫到文化的邏輯中」，並反諷道：「至此，當代文化消費化了，消費本身成了目的，人們只有進入文化的包裝才存在，也只有在這種文化包裝中，才會成爲名牌式的歌星、舞星、球星、丑星和影星。文化包裝…使文化從過去那種特定的

『文化圈層』擴展出來，打破了藝術與生活的界限。文化徹底置入了人們的日常生活，並成爲眾多消費品的一類。不僅如此，文化反過來日愈成爲物質產品乃至企業形象的廣告和包裝…『炒文化』在今天已經成爲一種時髦，這種時髦的後邊卻是文化的衰敗和商品的泛化」（註十八）

第六，文－經掛勾的趨勢，究竟言之，還關聯到意識形態共同體（ideological community）的重建。

文化之日趨市場化、商品化、商業企業文化日受重視，文化建設標準益形側重經濟向度，政治思想工作中凸出物質利益以及對文－經掛勾之負面影響的批判等這些現象分析到最後，都關聯到並可以歸結爲一類新的再現策略（representational strategies），俾使對人們集體認同（黨國認同、族國認同）的常識性觀點作重建。（註十九）質言之，亦即要涉及對人們集體記憶、共同體之文化敘事的編造、創造與重構，要涉及對想像共同體（imagined community）的意識形態建構重新定位，（註二十）而最後，就官方立場而言，則是需要與當前「改革開放」的權力路線相調適。（註二一）也因此，在日常生活之文化面向上，在人們之思想觀念中去凸出經濟、物質利益的意涵，這種在過去不免會關聯到反動之「唯生產力論」、「經濟決定論」的現象，如今卻只在防止（並因而批判）其可能導致的「不正之風」、「精神污染」，而未根本否定此一趨勢。於是，在承認某些文化的商品屬性之餘，（註二二）企業文化，商業文化的提倡也蔚爲一時風尚，不僅如此，商業企業文化且被官方提昇到道德倫理的

高度。（註二三）對於政治文化與行政文化應重視效率利益亦不諱言。（註二四）此外，類似的「正名」工作還包括：去重建傳統文化與市場競爭意識的關聯，以及去顯示「義」、「利」可以併行之道。（註二五）這種可謂是提供給想像共同體成員共享之「民族敘事」，當然也涉及相關之歷史事件及故事的建構編造與傳述。於是乎種種與商品經濟可以扯上關聯的「吳文化」、「嶺南文化」、「揚州文化」、「齊文化」乃至整體「商俗文化」的事蹟又開始在民族集體記憶中以正面形象被喚醒，它們甚且被拍攝成電視專題來加以廣為宣導。（註二六）而現代有關之「商人文化」、「海派文化」、「社會主義企業文化」的敘事，也都在「有計畫的商品經濟」這種立場上加以重構。（註二七）

　　總結前述六個方面的觀察，我們可以如此說，改革開放以來，確實顯示了一種由「文化為政治服務」轉向「文化為經濟服務」或明確言之一種「文－經掛勾」的趨勢。這種趨勢固然有助「經改」的發展，亦給文化之脫離政治之全面宰控提供了新的突破點，但不容否認的是，在市場經濟大潮的無情衝擊下，在「金錢掛帥」這種自利之工具理性的過度膨脹下，確實對人們的整體生活方式造成了極其嚴重的結果。由於中共當局對此亦乏適當之文化政策加以回應，以致不僅給文化人而且給文化本身都肇至了扭曲與失衡性的發展。以下這段話，雖然主要是針對大陸九三年文化發展的診斷，但亦多少可用來概括「改革開放」迄今文－經結合後文化發展失衡的一般狀況：

這是一個各門類文化藝術在市場經濟大潮的無情衝擊下紛紛尋求生存空間並為自己重新定位的年[代]……不僅文化人和普通民眾尚未調整好心態就被裹挾著走上一條陌生之路，經受著市場經濟一潮又一潮的衝擊，而且若干權力部門亦不能未雨綢繆，沒有及時改革調整不適時的文化政策，沒有提出適應新形勢、扶植發展文化的政策。

　　短期行為使人們注重經濟發展的同時，忽視了文化的保護和發展；長期以來陳舊僵化的文化機制及觀念，尤其惰性心理也阻礙著文化走向新生；習慣於單向簡單接受文化的大眾亦用經濟槓桿左右文化價值的取向。於是文化似乎成為「新時代的棄兒」。

　　在眾多因素的促使下，中國文化發生了失衡，這是一系列令人悲哀又無奈的事件，文化第一次落入如此捉襟見肘的窘迫境地，也許在今後並不太短的時間內，文化界的種種不懈努力，並非是要使文化走向輝煌，而是為其尋找合適的生存空間。因而這種追求帶有相當悲壯的色彩。(註二八)

第二節　農村文化轉型中的變與常

前節中所稱「文－經掛勾」的趨勢，質言之亦即文化

層面自利性之工具理性的發展，既涵蓋了韋伯所謂「理性化」（rationalization）的向度，亦多少透顯了「個體化」（individualization）的訊息，而這兩者正是當代資本主義國家現代化之主要特徵。然則，應著重指出的是，我們不宜因此就簡單的照搬西方模式，以為西方現代化過程中這一系列的兩極性區隔－－傳統 vs.現代、特殊主義（particualarism）vs.理性之普遍主義（rational universalism）、關係取向（ascriptive orientation）vs.成就取向（achievement orientation）、擴散性（diffuseness）vs.狹窄性（specificity）、以及情感的（affective）vs.感情中立的（affective netuality）等－－亦適用於中共之現代化過程。事實上，就中共目前之發展情況而言，似與前述二分法模式頗有出入。這不僅是說其中還有一個「轉型期」，故應把「傳統 vs.現代」這種一刀切的機械性觀點加以拋棄，而代之以一種動態的「連續體」的觀點；（註二九）其次，這也不單單是因為在此以前（一九四九年至一九七八年），中共已經歷經了一個社會主義現代化的過程，以致今天再提這種區分已無大意義；究竟言之，這還因為晚近的研究（詳後）越來越顯示，中國舊有之傳統中並不乏那種一般認為只有現代人才俱備或完全俱備的自利算計之理性態度；而另方面，七八年以後之現代化歷程亦顯示，傳統那種非正式的凌駕個人的、基於親朋好友情誼關係的人情倫理，不僅在前一階段之社會主義現代化過程中得以倖存，且在七八年後大放異采，發揮了令人矚目

的效應。以下筆者擬就此一文化現代性的特殊進路作一鋪陳。我們選擇農村生產隊及城市工廠中（群眾－精英）領導關係之政治文化的轉變作起點，之所以以此為對象是因為（1）中共本是「政治掛帥」，文化向來難脫政治關聯，改革開放既然是以「文－經掛勾」為趨勢，那麼領導之政治文化上的這種轉向自然極具代表性並富參考價值。（2）當代文化密切關聯著群眾之日常生活，而不同於過去之精英文化；鑒於工農在人口比例上的絕對優勢，他們之政治文化的變遷自然成為焦點。（3）在共黨統治下，中國已經成為「組織性的中國」，每個人都被歸屬於某個固定的單位，（註三十）其中，農村生產隊和城市則是主要的建制性單位，殆無疑問。（4）作為文化人之知識份子其價值觀念的現代化變遷將在第三章中專題討論。

以下先就農村生產隊之領導政治文化的轉變開始，我們先檢視一下一九七八年以前的概況。

一、社會主義的扈從體制

依據奧依的研究，一九四九年以後，中國農村的精英與群眾間，逐漸形成一種可謂是「社會主義的扈從體制」（ socialist clientelism ），使得農民在正式的結構和參與管道外，還得以保留一條追求自身利益，使自身利益極大化的非正式途徑，彌補了這種幾乎是所有開發中國家都存在著的棘手問題：缺乏正式的，有意義的參與途徑和表達利益的管道。當然，也正因為這種保護關係網絡的存

在，顯示農村幹部們的某些偏差行為，譬如不如實繳糧，並非只是基於個人的貪腐行為或農民的消費欲求，而且還有其理性依據，亦即它還關聯到計畫經濟之集體主義條件下，農民對國家主導之分配收成行動的一種自發性參與形式和維繫生存的策略。（註三一）

與傳統的扈從體制並不相同，傳統的扈從體制是在私有財產的基礎上所建立的權力關係和保護關係；而這種社會主義的扈從體制其權力根源則來自國家，來自他在行政體系內的位階及對財貨分配之掌控權。另方面，傳統之保護關係網絡旨在將風險極小化，這也有別於企圖使利益極大化的新型扈從體制。（註三二）

在這種新形成之保護主－扈從關係中，權威是通過日常對財貨、機會和資源等分配而體現出來，其中，精英（生產隊長、幹部）壟斷控制，而非精英（扈從、一般農民）則依附之。很明顯，共黨計畫經濟體制有助促成此種形式（精英掌控）的權力運作。（註三三）

為了要從精英壟斷之控制中爭取利益的分配，農民的策略是爰引人際關係來取得領導幹部的青睞，只是爰引的方式以及爰引之目的彼此並不盡相同。有些人試圖爭取最大機會，有些人則旨在維繫其餬口所需，有些人只是偶而去和領導拉關係，而有些人則是經常性的。有些農民因為這樣去建立關係，而得成為領導幹部的扈從，此一有利的地位，保證了他們例行性的享有較其他農民為佳的待遇：作為扈從，他們往往可以分配到最好的工作，最好的自留地……等。然而，這並不是說扈從想要好處時就得積極地

去逢迎生產隊長，去和領導幹部拉關係，而是說，他們之間所維持的是一種建制性的（established），基於長期互相瞭解的交換關係。這是一種由於「長期的信任和責任」（long range credit and obligations）而形塑的關係，在其中，示惠不必是當下的，報酬儘可延期兌現。如果領導幹部能夠長期在位或下臺不久又再度復權，那麼這種長期經營的關係就更能彰顯其功能。（註三四）

扈從和領導幹部間的交換往往不是等價的，有時根本並無從算計。這關聯到他們之間存在著這種忠誠和信任的關係－一種以「義」或「信義」爲基礎的共存共榮的關係。照顧扈從是領導幹部的責任，而領導幹部亦會期待回報。在中國農村中，生產隊長作爲領導幹部最好的回報莫過於受到農民群眾的尊重（有面子）和支持，而扈從所扮演的角色即是作爲他最熱烈的支持者和幫手。他可能以恭維生產隊長之英明領導而鼓勵他人有樣學樣；對於上級命令，他總是帶頭遵守並保證他人也會如法炮製；他也是隊長的耳目，打其他農民的小報告；開政治會議時，他總是第一個發言，站在領導幹部的立場說話，並鼓勵大家尾隨附和；如果領導幹部並未公開言明其立場，扈從亦會設法揣摩上意見機發言。（註三五）

在大陸之農村政治中，這種說好話，支持領導的作法很重要，特別是當政治運動頻仍，中共派工作組下來對農村幹部之作風進行調查之際。除此之外，扈從有時也會私下孝敬隊上領導同志某些他管轄範圍內的物質利益，例如，額外的衣服、食物等稀有物品，至於請客吃飯則更是

尋常。（註三六）

　　能夠成為扈從的農民畢竟是少數，大多數的農民並未能進入此保護主－扈從關係的體制內。儘管如此，他們的行為仍要受此體制的制約，因為他們仍試圖和領導維持一良好的關係，以保住自身特定的利益，只是這種關係缺乏穩定性。雖然這也涉及私下送禮和公開支持，但彼此之期望和瞭解卻非常不同。在此，相互示惠的交換是立足於更明確、更工具性的基礎上。亦即其交換是採取一對一、當下回報這種所謂「特定交換」（specific exchange）的形式，而非扈從關係中那種長期且非等價的「一般交換」（generalized exchange）。至於普遍的「走後門」現象，則可謂是此類型交換之運作實踐。但這並不意味著隨時都有機會與領導搞好關係，對於貧農，尤其如此，他們往往既無財貨（沒禮可送）技巧也差（不會拍馬屁），而有限的孝敬，往往並不足以討好領導幹部，在此種情況下，他們可採行的是一種防衛性的自保策略，既不去攻擊當權派，對上級表示適度的尊敬，給他面子或至少是聽話些，做好政治表現，特別是不能公然反抗上級領導。（註三七）

　　由前述奧依對中共農村社會扈從體制所做的論析來看，它明顯不同於「極權主義模型」（totalitarian model）觀照下的共黨社會，透過「極權主義模型」，我們所觀照到的是一種粒子化（atomized）的社會，此社會中之一般群眾是「政治中立」的，不起作用的，而共黨制度則是一正式的、非人的並且無效率的體系。反之，在扈從體制

下，農民卻可以透過豐厚的關係網絡來追求個人自身的利益，這是一種非常富彈性而兼具人情人性（雖然不保證有政策效率）的統制體系。（註三八）與我們一開始所討論之文化現代化的題旨接連起來看，這意味著在「經改」之前，在今日之「文－經掛勾」趨勢形成並因而在現代工具理性得以形構之前，中國農村社會中已經有某種自利形式之工具理性在運作，（註三九）弔詭的是這種自利性之工具理性卻是建立在一種緣起於傳統人情倫理而現實中又兼具相似功能的人際關係的基礎上。果真如此，那麼這種屬從體制的存在，似已明白的為吾人顯示，至少就農村社會言，文化為政治服務的同時，政治也同時為（傳統）文化所滲透，而傳統（人情倫理）文化中已具備了某種自利之工具理性，將傳統－現代截然劃分，認為特殊主義重感情之人情關係就必然與普遍主義之理性相對立，這種觀點不適用於中國農村之現代化，這在一九四九年至一九七八年之間就已是如此。

二、自利之算計理性與人情倫理

而馬德森（ Richard Madsen ）對廣東農村所作的個案研究也佐證了此一論點，對於中國文化中所蘊涵之自利工具理性，亦有更深入的探討與闡釋。（註四十）

據馬德森指出，傳統中國農民並非像某些倫理經濟專家（ moral economist ）所堅持的那樣：傳統農民都強烈承諾一種與現代市場經濟倫理截然對立的倫理規範，以致

無法感情中立的對自身之利益作理性的估算；反之，中國農民十分精明，對自身利益的算計，一點也不含糊，雖然，這種自利之算計性理性，尙不至於成爲波金（Samuel L. Pokin）教授所謂的「理性農民」。後者相信傳統社會的農民已具備了一種展示了普遍主義取向之「功利性個人主義的理性」（utilitarian individualistic rationality），可以對個人之長期利益作系統的估算，並因而使得農民間之合作（也是爲了自利）成爲可能。而馬德森的研究則顯示，中國農民儘管自利算計，但並未依一種功利之個人主義的道德論述來引導並辯護其自身之行動，他們所遵循的乃是儒家典範，在此典範中，農民對自身利益的理性估算有一定限制，侷限於家庭或親族團體間，一旦超過此等規模，農民間的集體合作行動就極其困難，必須涉及某種創發道德（moral creativity）的過程，使大家都承諾某些可支撐此集體行動之道德準則。（註四一）

就馬德森所考查之陳村言，雖然對於儒家教化村民們並無自覺，他們大多數甚至不知道孔子是何許人？出生於什麼年代？但其有關公共倫理之論述的基本結構卻與儒家典範恰相符應。譬如，他們會在政治行爲中特別強調要「通情達理」，「人情練達」。如果，當一名領導幹部因「通情達理」而以禮物（金錢或食物）來回報其友朋之忠誠時，這可能是自私自利（使自身之權力和財富極大化），但亦可能是慷慨、夠義氣的表現。訴諸此種倫理與訴諸功利主義倫理的最大不同之處在於：當奉行功利主義倫理準則的官員涉及偏私時，他們並不會用「通情達理」來自辯；

反之，他們會儘量設法用「事實」來「證明」偏私某特定團體的結果最後會使所有人都蒙受其利。（註四二）這其中一個重要的關鍵還在於儒家（而非功利主義者）認為人性本質並不自私，自我與社會的關係潛在上是和諧的，透過個人對其社會責任的自覺，而得成就此和諧。至於個人與社會的關聯，當下而最具道德意義的關係乃是父子、夫婦、兄弟這種家庭關係，進而才是朋友、君臣關係。國家、天下是家庭的擴大，唯有「家齊」而後才能「國治」和「天下平」。但是這種內外有別的規範，並非一成不變的墨守著，在特定的情況下，如遇家國（全村、一省或國家）有難，則「匹夫有責」也必須「毀家紓難」、「以天下為己任」。這可謂是對前述倫理基本原則所作的智的直覺性的發用（intuitively intelligent exploration），而基本原則則界定了個人應承擔之全部責任。（註四三）

三、共黨士紳ＶＳ．共黨造反派

正是以這類內外有別的人倫規範為依據，馬德森說明了一種表現為傳統之保護關係政治（patronage politics）的農村領導方式；同時，也正是因為前述規範可以因應不同之實踐處境作「智的直覺的發用」，馬德森又得以此為依據，描述了另一種兼具儒家和毛思想兩種道德論述所形構的領導作用。前一種他稱之為「共黨士紳」（communist gentry）的領導方式；後者，他稱之為「共黨造反派」（communist rebel）的領導方式。（註四四）

「共黨士紳」不同於「傳統士紳」之處在於他們不是地主，他們的權力來自共黨政府。由於他們掌控了生產手段，他們有機會圖利自己，並利用此種分配和提供資源的權力來示惠效忠者，建立起保護主義的政治。提供保護和表示效忠這種形式的「交易」，則要透過儒家之道德論述來加以規範導引並辯護之。這是因為儒家強調親屬關係的神聖性，因此親朋好友間的「禮尚往來」極其自然，不被視為是賄賂，如是就降低了保護主與效忠者間交換的功利意涵，使之更溫情化、更富人情味；反之，缺乏親朋好友關係而要建立忠誠網絡就易受攻擊，權位不易穩定。（註四五）

　　雖然在形式上，中共禁止這種保護主義的政治，認係封建餘毒，但多少仍予以容忍，之所以如此還在於這種領導方式確實有助社會秩序和生產效率的維繫。（註四六）然則好景不常，「文革」開始後，以毛思想為典範之道德論述在官方的支持下進入了農村，此種論述典範，是以毛澤東在三○、四○年代之著作－＜為人民服務＞、＜紀念白求恩＞、＜愚公移山＞為依據，以反對並批判封建和資本主義之社會結構所引起的貪婪和自私，強調要無私的「為人民服務」，要具有「毫不利己專門利人的精神」；而所謂「人民」則指階級敵人以外的所有中國人乃至世界所有被壓迫的人民。（註四七）然則，這種論述立場對於耽溺於傳統世界觀的農民而言是毫不相應的。為此，中央派來進行革命之工作組，權宜性的採取了一種兼具地方主義色彩但又有別於過去講「人情」的領導方式。他們相信

這種領導方式至少與毛思想典範的精神較接近。正是基於這種考量，「共黨造反派」受到了重視。這種新興的領導風格中，「無私的奉獻全村」這種道德論述可以等同於「毀家紓難」、「天下興亡、匹夫有責」的古訓。而代表「家國」之全村作為一「大家庭」仍與地方之宗族主義相應，不像「祖國」或「世界無產階級」那麼空洞而遙不可及。（註四八）

四、關係文化的復甦

儘管與「共黨士紳」一樣，「共黨造反派」的領導仍相當程度的體現並落實了被領導之農民的理想與利益，並因而可謂與他們沆瀣一氣，仍不脫「封建家長制」中那種依賴關係。但是「共黨造反派」所代表的畢竟是對傳統保護主義政治的反動，也因此，至少在一九六六年至一九六九年的「文革」鼎沸時期，那種可以顯現農民算計理性之人情倫理受到了激烈的壓制，只是一旦過了革命高潮，農村幹部們又逐漸恢復了以往那種講人情、走後門、肥水不落外人田的作風。（註四九）結果到了七〇年代，當農村領導之現代管理能力越受重視之際，當一種在其深層結構之上體現了功利之個人主義倫理的「劉(少奇)－鄧(小平)典範」開始抬頭時，傳統那種經營人際關係的能力竟在此種新標準下，重新萌發其生機。而此趨勢發展到後來，馬德森指出，「共黨士紳」之倫理不僅全盤回朝且似出諸其最腐敗的形式：對自己人特殊主義的示惠，不再是從社會

和諧的角度出發，而純粹是其幹部私利的考量，以「走後門」的方式來圖利親友及行賄者。（註五十）而劉鄧典範中那種功利主義形式的道德論述，在農村乃至整個社會中其主要功能似亦不在鼓舞經營管理之效率，反倒像是只在給個人之積累私利提供藉口。（註五一）

馬德森在這裡點到了七〇年代以後，儒家典範與代表現代工具理性之劉鄧典範彼此相互滲透的問題，馬氏所看到的似乎只是純粹負面的意涵，而未能正視其正面的功能和意義，後文中討論到楊永祥和楊美惠的論點時，會在這方面加以補充。而此處我們所關心指出的是：連同前述奧依的研究，都顯示了中國農民那種自利的算計理性，自始就與傳統倫理夾纏交織不易區隔，並進一步因應政治現實，與官僚意識形態作種種變異形式的結合，以致雖歷經波折而終得以遂行其道。在「經改」之前，它具體的落實在那種具有保護主義關係（或「社會主義的扈從體制」）的政治中，而即使到了「改革開放」的今天，依前述馬德森的研究，此種關係網絡也仍然存在，儘管其中工具主義的性格似乎更為強烈。而這與奧依的觀察類似－在市場倫理、功利之個人主義取向日益昂揚之際，一種保護主義的政治形式仍然活躍於農村之中。

據奧依指出，一九七八年以後，農村經濟的大變動，基本上並未在政治上造成同樣幅度的變動。農民仍然是處在一種依附性的、需要保護的地位，雖然，他們現在有較多的選擇，不再只是依附單一的領導幹部。但去除了集體這個具緩衝性的保護網絡後，不能透過與幹部合作以保護

集體、地方，以及自我利益，農民自易直接遭受中央需索的衝擊；此外，市場風險亦是一種變數。在農村以及市場環境中之國家代理人亦給農民帶來威脅，因為這些官員或國家幹部往往扭曲中央政策，以權謀私。這類對農村具有掌控能力的人數正逐年增加，使得個別農戶亦越受威脅。因此，今天之保護主－扈從關係，奧依指出，似乎是從一種農民－生產隊長間單純而穩定的關係，演變成一種類似革命前的多樣但卻不穩定的「多重保護關係」（multi-patron variety）。（註五二）

而另方面，就幹部言，奧依發現他們的權力也變得較過去不完整，更間接、更需仰賴自身經營企業的能力，自身對現存體系的操控能力，而非單靠其職位即可決定。至就權力運作之非法活動方面，亦與過去集體主義時代不同，過去幹部是與農民站在同一條陣線上，都是基於地方主義而與國家爭收成；目前，幹部則居中操控政策，圖利自己，使國家和農民都蒙受挫折。（註五三）這似乎正回應了前述馬德森的挑戰：目前大行其道的是「共黨士紳」倫理中最腐敗的形式。

如是，市場的興起及管理能力的越受重視，顯示了「文－經結合」之趨勢中，具有「普遍主義」、「感情中立」的那種現代工具理性日益膨脹的現實；但「多重保護關係」的存在，以及幹部操弄政策以權謀私的腐化，則又提醒吾人：一種特殊主義的、運用傳統人情倫理以維護自身利益的算計理性，也在這種半市場半計畫的體制中大行其道。

楊永祥（譯音）近年在東北農村中所作的田野研究對

此提供了進一步的論據：當地村民至今在經濟和道德倫理面向上，都仍依賴人情關係的交換網絡來進行自我再生產。（註五四）與馬德森和奧依都不同，楊氏在此特別凸出了其中之道德倫理的意涵。他指出，從民間觀點言，人情關係網不只是特殊主義取向的工具性網絡，不只是基於純粹的經濟利益，而且還是他們的社會基礎，對農民的社會生活具有重要的意義；（註五五）也因此，除了工具主義的交換行動外，農民的許多行為就工具性的觀點言並不理性，但將道德倫理的要素（面子、社會公論等）也納入考量時，其決策仍是理性的。（註五六）換言之，關係的培養，即使在今天它正日益遭受現代工具理性侵蝕之際，我們也不宜只見其自私自利一面，而忽略了它在社會交往、道德倫理乃至感情面向上之自我實現的意涵。下節中，在論及大陸城市文化現代化過程時，我們會再次顯示關係文化中此一向度的不可忽視性。

第三節　城市文化轉型中的變與常

中國大陸的城市工廠，由於長期受史達林主義體制的影響，正如城市社會中其他工作單位一樣，乃是一種「單組織社會」（mono-organizational society）的基本細胞，在其中人們的種種活動都受到無數組織或官僚機構的直接控制，而所有這些組織或官僚機構又聯結為一個將經

濟、政治、社會、文化等各種功能溶冶一爐的單一組織。（註五七）既然每一個人都得屬於某一單位，而單位又都清一色的屬於此種細胞狀組織（ cellular organization ）（註五八），那麼選擇工廠領導之政治文化的變化，作爲觀察城市社會文化變遷的起點，自然有其意義。

在《共產主義的新傳統主義》一書中，瓦爾德（ Andrew G. Walder ）觀察到類似前述我們在農村領導關係中所發現的保護主－扈從關係的網絡，突破了傳統－現代、依賴－獨立、服從－契約、特殊主義－普遍主義等二分法的模式，所以他才以「新傳統主義」（ neo-traditionalism ）名之。新傳統主義，概言之，表現了兩種制度或結構性的特徵：(1)組織性依賴（ organized dependence ）及(2)工廠權威之制度性文化（ institutional culture of authority ）。（註五九）

所謂「組織性依賴」是指工人對工廠企業的完全依賴。之所以會如此是因爲在共黨國家之工廠企業中，其僱傭關係並不同時也是一種市場關係，因此，除了生產之外，工廠企業還得提供社會福利。不僅如此，黨國代表亦在其中進行其政治教育工作。換言之，我們甚至可以如此說，作爲「單組織社會」之基本細胞，工廠企業既是一生產和經濟單位、政治行政單位、道德教育單位，也是一社會和政治監控單位、福利和社會服務的單位，乃至黨的甄補單位、生育控制單位…等。這種將所有功能融治一單位的結果，就使得工人表現了以下這種強烈的依賴關係：（１）在經濟上要依賴企業；（２）在政治上要依賴黨和

管理階層；（３）個人要依賴上級長官。這種高度依賴在其他非共黨國家的工廠企業中不是沒有，但像共黨國家這樣三種依賴關係同時並存的現象的確罕見。（註六十）

一、官式的保護主－扈從關係的網絡

正是由於這種高度的依賴性，才使得黨及管理階層可以運用他們在政治經濟各方面掌控的資源，來對依賴此類資源的工人們進行領導，這首先就表現爲一種官式的保護主－扈從關係網絡，它構成了前述所謂領導之「制度性文化」第一項也是最主要的特徵。（註六一）在工廠企業中，這種到處滲透的關係紐帶，它的存在既不偶然亦非補充性的，而是一種由官方所支撐的規範性的組織結構，（註六二）是基於黨在工廠企業領導內之領導和甄補人才之需要而主動創造的。當黨和管理階層爲了掌控其勞動部隊（ work force ），使他們與領導當局積極合作，此時黨和領導階層與那些表現積極的－意識形態上忠貞而又合作的－工人間，發展出一種相對穩定的關係，其中積極份子除了給上級長官之政策提供支持外，還包括其他的服務：如幫忙寫報告、出席會議、準備會議材料和用具、幫助理順團體領導的工作、使上級能夠獲得好評等。這些「可靠的」、教人「信任」之積極份子，他們作爲「骨幹份子」，一般具有良好的工作作風，往往長於組織事務，在黨的領導下去做服務的工作。廠企之工會辦公室、青年團、文宣部門等尤其倚賴其志願性服務。而另方面，黨則依其忠誠

和工作「表現」加以回報，包括紅利、加薪和升遷等。因此，就形式言，這種相互交換之利益關係雖是特殊主義，但卻是一種「原則性的特殊主義」（principled particularism），一種在結構上「客觀的」保護關係網絡。質言之，亦即這種存在於上下層之間公開的官式的效忠（思想忠貞、忠於黨）關係，不免會混合了私人的忠誠（義氣）和感情（人情），而常常超出了黨所客觀容許限度之外過度償付的特權和利益。這就表現為共黨體制下那種顯示其工廠企業之自然經濟特徵的非正式分配，譬如，當房屋、自行車、縫紉機、木材、手錶等分配有剩餘時，上級會優先分配給積極份子，至於其他如升遷等的優渥自不在話下。結果，在上級長官與積極份子間所發展的這種關係，就不單只是領導方面的問題，還具有社會的深度，構成了共黨社會結構的一種核心要素：高度凝聚性之網絡由黨委處輻射出去，混合了私人忠誠、感情、制度性的角色行為和物質利益。也因此，它既是正式的亦是非正式的組織，既具有私人的亦具有非私人的特性。（註六三）

工廠領導階層與積極份子間發展的這種特別關係引致其他工人的嫉妒，而使工廠中之社會對抗指向積極份子，形成了權威領導之制度性文化的第二項特徵：勞動部隊間的分裂乃是一種社會事實，其分裂之形式是垂直的而非水平式的。就是說，此分裂是存在於工人之意識和行動層面，存在於積極份子和非積極份子之間，而非像其他西方國家其工廠內的分裂主要是由給付、技巧或族群（水平分裂）所致。又因為此種垂直分裂所形成之地位差異與水

平分裂一樣「真實」，故是一種「社會事實」。（註六四）

　　對積極份子的普遍憤懣、公開對抗並使之孤立，這種社會分裂的情形不僅發生在工作場所內，也延伸到工作生產之外。一般人痛恨積極份子打他們小報告，雖然這是領導階層所鼓勵的，但他們卻「不像恨積極份子那樣恨領導」。在日常生活中，他們的反應是不斷排斥積極份子，不願與之為伍，不願一同等車，甚且攻擊漫罵之；至於積極份子方面，也往往自以為高人一等，不屑與他們來往。雙方這種對抗的態勢，卻有利於共黨權威的運作－「分而治之」。這種對待工人團體關係的方式與日本成為明顯的對比，後者旨在促進對團體的效忠和團結，而前者則分裂之。儘管在這種分裂對抗中，積極份子遭受了普遍的敵視和挑釁，但隨即可由領導階層方面獲得支持和鼓勵，這就深化了彼此間利益交換關係的人際面，使之更具人情味、更顯義氣。而積極份子越向管理階層靠攏，越和團體利益對抗，亦意味著他們終將甄補入黨，成為領導階層的一份子。（註六五）

二、工具性的私人關係網絡

　　至於屬於非積極份子的一般工人言，正如在農村中之一般農民一樣，他們雖非前述黨支持之扈從體系的一份子，但仍要受此關係影響，他們仍要設法繞過形式上的規定，而與掌握社經資源的上級長官搞關係，以追求其私人利益，這就構成了工廠結構性之制度文化的第三項特徵：

工具性之私人關係網絡（ network of instrumental-personal ties ），透過此網絡，非積極份子得以以個人身分去影響上級決策，滿足個人利益。這裡作為次文化之工具理性的私人關係紐帶，既然具有工具性，自然同時具備了「非私人的」性質，然則它又混合了中國社會普遍流行的「關係」、「人情」。這種兼具私人感情和工具性意圖的交換關係，涵蓋範圍甚廣，從純粹的義氣、感情到另一端是儀式化的賄賂。前者是有規範約束的，不照顧親朋好友是「沒面子」的行為，彼此間的關係優先於工具性的關係；而後者之關聯則非規範性的，儘管仍有一些成規要遵守，譬如先收禮再示惠，但其中「人」的要素已降至最低。而此兩極端中間，則是「有目的」的與長官培養關係，就是說為了使彼此「熟識」，必須經過相當長一段時間來「培養感情」，其中包括送些小禮或其他好處而不求回報，至少暫時是如此。而最後目的則是要放長線釣大魚－著眼於未來之利益。在工廠中，大多數成員都會進入到後面這種能在人情和工具性兩方面都平等兼顧的關係中，但對於那些純粹採取防衛性策略來維護利益的工人們而言，這種關係尤其重要。（註六六）

　　這種非正式的關係，即一般所稱之「搞關係」、「走後門」、「開後門」等，是官方所禁止的，被視為是腐化的象徵，是「感情代替政策」、「無原則的特殊主義」；與前述領導階層－積極份子間所發展的「有原則的特殊主義」本質上不同，後者基本上沒有「拉關係」的問題。積極份子與上級長官間常規性的合作藉以取得報酬，這是完

全合法的，並因此是一種穩定的關係。當然，積極份子也可能去「搞關係」，但此時他就不算是在一種扈從關係中了。儘管不合法，儘管官方敵視它，此種工具性之私人關係卻仍大行其道，其關鍵還在於它涉及財貨和服務的分配，對工人們之生活影響至鉅；而另方面，對工廠之長官們此種關係亦有其正面意義，即（１）讓非積極份子有一種鞭策和征服此體系的感覺。（２）造成個別工人間彼此相互競爭的行動（個人而非團體行動），競相向長官求取有限的財貨，有助落實領導工作。（註六七）

如是，在「經改」前之社會主義現代化階段，中共所有之現代工廠中，仍體現了一種類似傳統工業中的人身依附關係，所不同的只是：過去的人身依附是受制於立約者，而中共卻在現代化的工廠企業中創造了這種對黨國和企業之新的人身依附的形式。於是，當西方國家之工廠企業紛紛由特殊主義、情感取向、擴散性（ diffuseness ）往普遍主義、情感中立和狹窄性（ specificity ）發展時，而這種二分法模式卻全然無法適用於中共。在保護主─扈從關係網絡中，我們看到的是正式的─普遍主義的─感情中立的面向與非正式的─特殊主義的─情感的面向這兩方面的交織混合；而在工具性之私人關係網絡中，我們則看到了工人們透過那種具有情感─特殊主義─非正式面向之「人情」、「關係」文化，去追求純粹工具性之自我利益的真相，既然這兩種關係─「扈從關係」及「工具性之私人關係」都同時涉及自我利益之追求及感情關係的發展，那麼，我們就可以得到與前節研究農村社會時類似的

論點：在「經改」前，在「文—經掛勾」已成普遍趨勢，一種立足或多少附著於傳統人情倫理的自利之工具理性，已在工廠這個城市社會中默默運作了，但是與極權主義模式所描述的共黨統治下之城市社會全然不同，它不是純粹非私人的、粒子化的；反之，在其中蘊含著極其豐富的人際關係紐帶。（註六八）

三、一九七八年以後的變革

然則，進一步的問題是，隨著「改革開放」的發展，此種制度文化有何改變呢？據學者們的研究，其主要輪廓大體仍沿襲過去。少數忠誠的積極份子，仍然是權力結構之扈從，但他們與非積極份子間待遇差異的顯著性減少了，這是因為物質較過去豐裕，稀少性減少了，工人「生活標準」日益為領導階層所強調，非積極份子也有更多接觸消費品和住房的機會，於是「組織性的依賴」弱化了，特別是在工人對企業的經濟依賴方面。另方面，積極份子也不像過去那樣受人輕視，因他們逐漸被認為是經由辛勤的工作而贏得其地位。事實上，隨著非政治化的影響，目前對「積極」的界定，也不再那麼凸顯意識形態，而是更生產取向，顯示技術能力日益受到重視。（註六九）換言之，亦即對積極份子之酬傭更取向專業標準而非政治標準。然則，這並不意味著積極份子和一般工人的分裂不再是一「社會事實」，積極份子非正式之政治迫害—「打小報告」仍然像以前一樣，同時由於獎勵工作「表現」之給

付的增加，以及一般工人察覺到積極份子會向經理人員要求以減少工人薪水的方式來增加其報酬，而使分裂更形尖銳。至於工具性之私人關係網絡，此種次文化，則似乎隨著意識形態的放鬆，而有愈演愈烈的趨勢。而意識形態的退潮，也使得領導風格越來越排除過去那種政治動員的方式，而代之以家長式溫和干涉的領導作用——併合了對服從和忠誠的強調與對工人物質生活的關切。（註七十）

此外，工廠企業之制度文化也發展出一種新面向，亦即在管理階層和工人之間出現了一種無定形的協商模式，有些學者稱之為「隱藏性交易」（ hidden bargaining ）。意指這種模式尚未組織起來，其利益表達的方式並不正式，而是透過怠工、私下不服從和抵制來展現。在過去群眾動員時期，對於這種無定形的工人不滿的表現，本來就是領導權威要設法預先掌握和避免的。但今天新的發展更涉及到金錢利益的分配，而使得這種非正式協商的重要性大增，因為，在中央權利下放後，工廠本身有更大權力來處理其收益，而工人也第一次有機會可以對大筆紅利金的分配、提高工資和獎勵政策發生影響。更何況在現實中法律或習慣對工人職位都有所保障，不能隨便解散工人，這也有助增加討價還價的能力，使得管理階層去運用近年新增之自主權時，不得不與工人們協商。這種協商，在功能上較類似正式之「集體議價」，不過這種非正式協商模式，畢竟是無組織的，所以它還不能被定位為一種「團體政治」（ group politics ）的出現，還只能算是體系內的「摩擦」。（註七一）

總括言之，在改革開放後，工廠企業內領導之政治文化也體現了一種與經濟邏輯相結合的趨勢。在保護主義的政治方面，管理階層與積極份子間之交換關係仍然存在，但意識形態的承諾顯然淡化了，且與生產明顯的區分開來。就生產言，積極份子不在於其政治上的卓越表現，而是在於他是「先進生產者」，其中能力技術的因素被提高了；其次，在積極份子與非積極份子之分裂方面，意識形態與政治成份也不重要了，事實上，「黑五類」份子多已摘帽，而馬列毛教條亦漸代之以國家主義的強調。（註七二）也因此，雙方分裂之事實與政治意識形態的關聯日淡，與經濟利益之爭奪則益形相關。至於，工具性之私人關係方面，則因著「去意識形態化」而大加發展。最後，為爭取工人自我利益而新形構之非正式的協商模式，儘管還不是一種「團體政治」，但無疑的，它卻是一種自利的策略性行動，一種更趨「個體化」和「理性化」的社會行動。

　　以上以工廠企業作為觀察中國大陸城市社會的起點，儘管在「單組織社會」條件下，這種進路尚不致讓人覺得不妥，然則，一方面鑒於中共正在迅速變遷，另方面則鑒於現代城市的複雜性，如果即直接以前述觀點作為整個城市社會的縮影或代表仍不免令人置疑。不過，幸好有楊美惠對大陸城市社會的研究可以補足，（註七三）而有趣的是，她也得到了與瓦爾德類似的結論。

　　楊美惠依據民間論述的觀點指出，在五○、六○年代早期，大陸社會經歷了基本的結構和意識的改造，傳統之

社會關係和組織形式漸爲新社會所取代，前革命時代那種盛行之私人裙帶關係、用人唯親的風氣日趨匿跡。儘管如此，人們對於久已習慣之舊制度和關係的退隱，並不特別感受威脅，這多少是因爲國家可以包辦其需求。然則，文化大革命卻破壞了這種起碼的安全感。「文革」開始後，中國社會又再面臨一次重大的政治重構，這次的重構在方法上及結果上都較上次更激烈，對許多人而言，無異是一場大災難。在文化極端政治化和國家權力對生活各方面無孔不入的滲透下，這種驟然攀升的政治關係，大大壓縮了私人領域和感情的空間。群眾政治動員的頻繁，意味著國家之普遍主義倫理對人們日常生活之社會—文化建制的入侵，結果社會體自身政治化了，無法與國家作區隔，正是在這種處境下，人們需要拓展其私領域，以之作爲個人與國家之間的緩衝。於是，昔日那種親朋好友的倫理關係又告活躍，並成爲人們及時的庇蔭。他們彼此間形成了一種充分互惠和負責的圈子，減少了對國家物質生活和社會生計的依賴，並因而得以對抗並顛覆國家強置之規則和限制。（註七四）

雖說都是傳統人情倫理的「走樣」、「工具化」，「文革」時代之「關係」，基本上是一種不涉入物質利益，主要是爲了「自保」的「政治交換」。譬如以晉升交換容許對方進城居住或不被「下放」；然而，「經改」以後盛行之「關係風」則直接關聯到稀有物品、財貨的「使用價值」，甚且進一步發展到那種有助累積財貨的機會，而非直接使用和消費的「交換價值」。（註七五）

毫無疑問，是金錢的介入才大大改變了交換的性質（「不講人情」），在八〇年代中期，「朋友」、「義氣」、「有福同享」的關係語言，到了九〇年代則已變成了以金錢回報勞務的新術語。雖然彼此「熟識」、「信任」這種先在之人際關係仍然是金錢交易、價值交換的前題，但是在許多情況下，直接付錢已揭起了「朋友」這類人情關係語言的面紗；在以長期關係為基礎的形式下，蘊含了交換後互不相欠的邏輯。如是，在與商品／金錢關係遭遇後，每一方都在對方中找著了新的殖民領域，並且也都在自己這一方容納了對方部分的內涵，雙方之「交換原則」彼此雜交。這其中，一項關鍵的因素還在於：在半國家半市場這種不完全合理化的環境中，金錢所能買到的自有其限制，「關係」則提供了接觸財貨的較佳管道，「禮尚往來」的「關係」仍可在「商品交換」領域內用來省錢、賺錢。因此，在「關係」商品化／金錢化的同時，它也有機會去人格化非人的金錢交易或商品交換的關係。結果，對中國大陸而言，改革開放，引進市場機制所帶來之工具理性化的趨向，並未使中國大陸明顯的出現像西方那種以個人為基礎的粒子化的社會，反而卻傾向一種濃得化不開的個人彼此關聯的結構，其中，相互性、互惠乃是社會團結和社會投資的形式，這種私人主義（personalism）的交換關係，創造了一種社會關係的模式，它以「人」作為相互依賴之社會關係網絡上的連結點（juncture point），既涵蓋了非人的、理性化的取向，也相當的保留了傳統非正式的、特殊主義的要素。（註七六）

楊所採行之民間論述,其觀點與瓦爾德的研究大抵一致,只是她強調「關係」藝術之再出現始於「文革」,似與瓦爾德之發現「關係」及其變型始終存在於工廠領導關係中有所出入。(註七七)然則,如果我們以下面這種方式來理解或許多少可以對這種解釋上的鴻溝加以填補。就是說,中共在建政之初即試圖對中國傳統家庭及其特有之人情主義的負面性格(如自私自利、各自為政)加以遏抑,並試圖以超血緣範疇之結構和活動來重新組織及規範人民的經濟生活和行為模式,但其前題都是在肯定家庭之完整性及私密性這個原則下來進行的。而其後的「大躍進」雖然對傳統家庭特有的人情主義之一切表徵均視為封建遺毒而加以打擊,但這畢竟是有限的和暫時的,並且很快的得到了糾正。一直要到「文革」,中共才採取了一種比「大躍進」更全面而長期的方式來徹底否定和背棄傳統倫理和家庭制度,以促成個人對國家的完全效忠。(註七八)結果遂造成了國家政治力對私領域的過度侵犯,並不期然的引起人們嚴重的反彈,反而刺激了楊美惠所謂的「關係」藝術的再出現。然則,在此之前,基於血緣之人情關係倫理或其變型固然受到限制,但並非沒有任何運作空間,後者正是瓦爾德所觀察到的。如果我們再將前一節中奧依、馬德森及楊永祥對農村文化(領導之政治文化及一般之關係文化)所作的研究的成果匯整起來看,我們遂得到這樣的結論:以傳統—現代,特殊主義—理性之普遍主義,非正式—正式,感情—感情中立,以及個體化與否等這類二分法來理解中共的現代化實不相宜,而其關鍵原因則在於

那種來自血緣家庭之人情關係倫理及其隱含之政一經向度（自利之算計理性在其中得以彰顯），早已（以各種不同的變型）穿透了「解放」後的新社會，儘管官方不斷試圖予以壓制，但它仍得在「文革」期間以「政治交換」的形式大行其道；而時值八〇年代到九〇年代，它又凸顯了金錢／商品關係的面向，以致當現代工具理性邏輯隨著「經改」而日益膨脹的同時，「關係」並未因此而減少其適用範圍，反而似乎更拓展了新的殖民領域。

第四節　文化轉變的意義

在「文一經掛勾」的趨勢下，我們看到了那種表徵人情主義之「關係」的回朝與坐大，對於此種凸出而明顯之社會文化現象究應如何定位？概括言之，有兩種不同的立場。首先，就中共當局言，始終予以敵視。在官方的立論（而非實踐）中，「關係」的運作被當作成是一種純粹負面的現象，一種反社會的作為，脫軌的工具行動，目的只在自私自利。（註七九）這種「不正之風」的思想根源通常又被歸罪於（１）落後的封建主義殘餘所致，這是宗法制度下的產品。（２）資產階級個人主義的「精神污染」，它會腐蝕正統之社會主義倫理，因此必需給予道德和政治上的譴責。（註八十）

如是，中共當局刻意忽略了「關係」運作之「倫理原

則」，只策略性的強調其工具性和反社會性的向度，這與民間的看法頗有距離。就民間的觀點而言，「關係」固然有其負面的意涵，但亦有必要之社會功能；它或許不合法，但往往極合乎情理。相對於那些不合情理的「法律」制度或權威，關係的運作自然隱含了某種抵制、反抗的成素，但也不是自覺的，而就人情之常言，也是可以理解的，無可厚非的。（註八一）

何以官方與民間的論述有如此大的落差？就民間言，傳統之人情倫理至今仍受到尊重且是其生活實踐不可分割的一部分，農村尤其如此，在此種原則中強調的是「禮尚往來」、「往而不來非禮也，來而不往亦非禮也」；之所以如此，又是因為它相信親朋好友間自然流露的情感乃是「禮」之根源。「禮」作為社會關係、社會事務中適當之行為舉止，則是整個社會秩序成為可能並得以維繫的條件。但對當代中國人而言，似乎更重要的還是這種人情倫理中所涵蓋之工具性的政一經向度，這有助於再分配國家已分配的資源，並藉此表達了人民對自己之需要和自我利益的解釋。（註八二）

然則，對官方而言，這種特殊取向的原則，正是當前「不正之風」——走後門、貪污腐化、投機倒把以及地方主義等的根源；這種「關係」實踐及其背後預設之倫理論述，挑戰了國家現代化之普遍主義倫理論述。後者代表的是在現代國族主義前題下，國家對「社會需要」之總體知識的壟斷，它體現為一種大理論、意識形態以及由此衍生之種種黨國政策和理性計畫；而前者（「關係」之倫理論

述）則反應了對此總體知識的批判，一種「另類」的聲音。然則，這種作為「另類」的，代表人民自身需要和利益的聲音，並無關於純粹商品經濟中人們在個人主義前題下對自身利益和需求所作的聲稱，它與東歐國家所謂「第二經濟」的概念（賄賂、以物易物、黑市及商品經濟之總稱）亦有區別；而其中最主要的關鍵依楊美惠的觀點，還在於它不是純粹工具性、利潤取向的經濟關係，亦非純粹物化、客化的關係，反之主─客間仍然保持關聯，「人的規律始終結合了物的規律」，並且因而得以進行一種價值轉換，形成了所謂「象徵性資本」（symbolic capital）──諸如面子、道德的優勢、人情債、義氣等，（註八三）是純粹利益交換中所最缺乏的。為了便於理解「關係」運作的現實，我們又可簡單的將其實踐過程分為兩個階段。在第一階段所關涉到的是去突破自我與他者的邊界。首先，藉著「關係」這種對人的文化建構（對其身分之重新概念化），使「生人」改造為「熟人」，打破了「內外」之別，模糊了自我與他者的區隔，使彼此成為同學、同鄉、同事、師生等，不同之個體因而得以分享彼此之同一性（identity），再透過示惠（送禮、作人情、給面子……）來象徵性的突破彼此之邊界，進一步化解了他們間「他者性」的障礙。第二階段則涉及一種與黑格爾「相互承認之鬥爭」相似形式的彼此間「面子」、「關係」的辯證。送禮、作人情、給面子的一方，雖然在物質上遭受了損失，但在道德、象徵上卻取得了優勢，意味著支配了對方的意志；而受惠的一方，在「吃人嘴軟，拿人手短」的前題下，

不僅在威望、道德及意志上和對方形成不對稱的關係,處於一種受支配的地位;而且其自我同一性(個人人格的自主性和完整性),亦倍受威脅,得不到正面肯認,必須透過「還人情債」才能取得平衡並保住自我同一性。至於「還債」是否等價則不一定,事實上並無法客觀衡量,純粹取決於個人主觀的認定;而「還債」的方式,既可以是財貨、政治職位,亦可以是純粹的象徵性資本。(註八四)

如是,這種彼此間不斷試圖突破自我與他者之邊界,以及將這種在「內外有別」之親朋好友圈中所成就之自我同一性(認同)放在第一順位的作法,才是人情關係倫理有別於個人主義倫理(強調自我與他者之區別)的深層原因,亦是那種試圖超越「關係」而直接強調對黨國及其對意識形態之效忠(及認同)所以倍受威脅的根本理由。也因此,「關係」在今天中國大陸的風行以及民間論述對它的寬待,就不僅代表了一種人民對國家所掌握分配之資源的主張,一種人民對自己利益及需求的解釋或另一類的聲音而已,而且還涉及另一種認同取向及主張,一種既有別於個人主義倫理,但又不同於那種只是要求自我犧牲以效忠族國(黨國)的國家普遍主義的認同取向。在其中「關係」的認同是首要的,對個人或黨國的認同都是次要的、第二順位的;透過「關係」個人可以取得某些(相對於黨國的)政治自主性,但同時亦使之更依賴「關係」這種社會網絡。(註八五)

這種可謂是「關係本位」的認同取向,它對於個體以及集體自我的定位儘管不同於官方——官方意識形態所

凸顯是國家普遍主義的聲稱，但和後者一樣，都可以看成是對此新時代的一種文化反響與回應。質言之，亦即在此文一經日益掛勾，文化意義劇烈轉變的時代中，去重建共同體之共享價值的一種努力與嘗試，俾使重新安立主體，提供認同感並引致效忠。（註八六）顯然，民間與官方對此共同體的想像並不一致，才肇致了「關係」論述方面彼此的差落，儘管這不一定是自覺的，但至少就邏輯言，它為不同之意識形態建構提供了可能條件，也就是說，它可作為從文化層面去生產和再生產「對反性」神話和意識形態的必要環節。毫無疑問，在此種「另類」的意識形態建構中，在其重建之對反敘事（counter narrative）中，也必然像主流之「中國式社會主義」的敘事形式一樣，不再只是「政治」掛帥，而會承認「經濟」的份位，至於此份位究竟如何安立，則要看它與主流意識形態鬥爭的結果，這其中，除了涉及對主流文本之挪用及意義之截奪外，（註八七）還涉及到它如何與種種新興之政治運動、文化啟蒙運動以及文化潮流等之題旨作意識形態構連或重新構連（rearticulation）（註八八），這包括譬如「六四」運動、文化熱乃至普遍之流行文化熱等(這將在後文論及之)。儘管有如此多的不確定因素，但無論如何文化傳承中所特別著重之人情關係倫理，必定會在此對抗性之意識形態建構中，佔有極凸出的位置。

【註　釋】

註一： Raymond Williams, *The Long Revolution* (London: Penguin, 1975) ,First published in 1961, p.12.

註二：張琢，＜當今中國大陸文化走向＞，《電影創作》 1993 年 6 月，頁 33-34 。

註三：同上，頁 34 。

註四：華全忠，＜重視研究和發展中國的企業文化＞，載《人民日報》， 1990 年 8 月 20 日第 3 版，李正發，＜中國社會主義企業文化四十年＞，《福建論壇》（經濟社會版）， 1990 年 2 月，頁 46 。

註五：賈春峰 ， ＜當前中國文化發展趨勢初評＞，《工人日報》， 1994 年 4 月 20 日，第 3 版。

註六：解建立，＜商業文化綜述＞，《學術研究動態》， 1991 年 6 月，頁 2 。胡平，＜商業文化學及其基本內容——在日本東京青年會議所的演講＞， 1990 年 11 月 5 日，載《道德與文明》(津)， 1990 年 3 月，頁 4-9 。

註七：＜農村文化建設不抓不行＞，《文化月刊》， 1993 年 12 月，頁 3 。「農村呼喚文化脫貧——呂梁山區農村文化建設調查」。《光明日報》， 1994 年 1 月 26 日第 1 版。此外，如文化部副部長高占祥談＜當前農村文化工作改革的七個方面＞，《新文化報》， 1992 年 7 月 6 日，第 1 版。

註八：參閱羅曉南＜毛澤東思想——個農民馬克思主義的烏托邦＞，載《中國大陸研究教學參考資料》，民國 73 年 4

月第 16 期，頁 88。亦請參閱莫里斯・邁斯納（Maurice Meisner）著，中共中央文獻研究室理論研究組譯《毛澤東與馬克思主義、烏托邦主義》（北京：中央文獻出版社，1991 年），頁 60-61。

註九：江蘇省委研究室科教處，＜小康文化的內涵和基本特徵＞，《江南論壇》（無錫），1994 年 1 月，頁 39-40.

註十：同上，程天賜，＜今日的文化，明日的經濟－當前農村文化事業發展的啟示＞，《農民日報》，1994 年 6 月 12 日，第 1 版。

註十一：許家旺，＜目標追求與價值取向——現階段農村文化心態透析＞，《淮海論壇》，1990 年 3 月，頁 93-94。

註十二：李傳華等編《中國思想政治工作全書》，下卷（北京：中國人民大學出版社，1991 年），頁 109。

註十三：同上，頁 108，「思想政治工作與物質利益相結合的理論根據和現實意義」條。

註十四：同上，頁 297，「集體主義是無產階級的道德原則」條。頁 299-300，「物質利益原則與集體主義」。

註十五：同上，頁 211。《鄧小平文選》，第三卷（北京：人民出版社，1993 年），頁 43。

註十六：李天，孫敬勛等編《簡明黨務工作辭典》（北京：中國展望出版社，1990 年），頁 17，《黨內不正之風產生的根源》條。

註十七：張琢，前揭文，頁 37。

註十八：王岳川，＜文化衰頹中的話語錯位現象＞，《山西發展導報》，1994 年 7 月 1 日，第 3 版。

註十九：Stuart Hall et al.（eds.）*Modernity and Its Future*, （Cambridge: Polity Press, 1992），p.293. 這種「再現策略」指的即是 Benedict Anderson 對 nationalism 之分析，在其中他把族國（nation）視為是一「想像的（政治）共同體」。而中共自改革開放以來族國主義日趨昂揚，並逐漸以族國來包裝黨國的實質，這是有目共睹的。

註二十：「想像共同體」亦可用來揚涉社會運動中去「發明傳統」，去顛覆對方的文化意義以供己方使用，參閱 John Allen etal.（eds.）*Political and Economic Forms of Modernity*（Cambridge: Polity Press, 1992），pp 136-137. 本文在論及民間與黨國「對反性」之想像共同體的建構時是採此意涵，詳見本章第四節。

註二一：一如 1949 年以後中共之實用史學對「封建過去」所作的詮釋一樣，不過是在為當前之權力路線服務，提供意識形態辯解並「神化現在」的功能。參閱朱元鴻，＜實用主義：集體記憶的敘事分析─以一九四九年後中國大陸為參考＞《中國社會學刊》，第 16 期，民國 81 年 12 月，頁 2-3。

註二二：車國城，＜論我國文化市場的積極作用和正常發育＞《經濟體制改革》，1989 年 6 月，頁 20。聶景春，＜商品文化議論＞《中國文化報》，1990 年 10 月 14 日，第三版。

註二三：胡平，前揭文，頁 7-8。

註二四：蔡志強，＜行政文化的開發與整合＞，《社會科學》，

1990 年 2 月，頁 38-42。茅慶連，＜從企業文化到組織文化─組織文化理論當議＞，《社會科學》，1990年 3 月，頁 33-36,63。

註二五：鄒恒甫，＜市場競爭意識與中國傳統文化的有為主義＞，《管理世界》，1993 年 3 月，頁 198-203。林同華，＜東方：儒家資本主義經濟文化觀述論＞《學術季刊》(上海社科院)，1990 年 4 月，頁 168-177。

註二六：王翔，＜吳文化─打開傳統壁壘的缺口＞，《社會科學報》，1991 年 2 月 28 日，第 2 版。李權時，＜論嶺南文化的歷史地位＞，《廣東社會科學》， 1994年 1 月，頁 96-101。桑良至，＜徽商與揚州文化＞，《揚州師院學報》（社科版）， 1993 年 1 月，頁131-135。關於「齊文化」見賈春峰，＜當前中國文化發展趨勢初評＞，《工人日報》，1994 年 4 月 20日，第 3 版。許霆，＜海派文化與吳文化散論＞，《吳中學刊》（社科版），1991 年 1 月，頁 3-9。王銳，＜中國商俗文化當議（I）＞，《天津商學院學報》，1992 年 4 月，頁 64-70。

註二七：朱英，＜開拓近代中國商人文化研究的初步構想＞，《華中師範大學學報》（哲社版），1990 年 6 月，頁 41-47。許霆，前揭文。樊衛國，＜歷史承載與思想空間─海派文化與特區文化的正反懸思＞，《社會科學》， 1993 年 11 月，頁 50-53。李正發，＜中國社會主義企業文化四十年＞，《福建論壇》（經社版），1990 年 2 月，頁 45-48。

註二八：劉洪濤，＜失衡的文化現象＞，《文匯報》，1994
年 1 月 17 日，第 5 版。

註二九：金耀基，《從傳統到現代》（台北：時報出版公司，
民國 69 年），頁 122-123。

註三十：Franz Schurmann , *Ideology and Organization in Communist China* （ Berkeley: University of California Press 1970 ）, p.iii. 金耀基，＜關係和網絡的建構──一個社會學的詮釋＞，載於金耀基，《中國社會與文化》（香港：牛津大學出版社，1992），頁 73。

註三一：Jean C. Oi, *State and Peasant in Contemporary China: The Political Economy of Village Government* （ Berkeley: University of California Press, 1989 ）,pp. 7-9.這是由於農村幹部非屬國家幹部，其收入來自地方與地方利益一致，故不按實納糧亦有利幹部自身。

註三二：Ibid., p.145,153.

註三三：Ibid., p.10.

註三四：Ibid., pp.145-146.

註三五：Ibid., pp.146-147.

註三六：Ibid., p.147.

註三七：Ibid., p.148.

註三八：Ibid., pp.8-9.

註三九：但這並非指（指有些學者所稱）共黨國家那種在「政治掛帥」之下所形構之「道德政治性的工具理性」。
See Mayfair Mei-hui Yang, *Gift Favors and Banguets: The Art of Social Relationships in China* （ N.Y.:

Cornell University Press, 1994）.

註四十： Richard Madsen, *Morality and Power in a Chinese Village*（Berkeley: University of California Press, 1984）.

註四一： Ibid., pp.7-8.

註四二： Ibid., p.12.

註四三： Ibid., p.14.

註四四： Ibid., p.246,249.

註四五： Ibid., p.246-247.

註四六： Ibid., p.248.

註四七： Ibid., p.15. ＜紀念白求恩＞。載《毛澤東選集》，第二卷（北京，人民出版社,1991年），頁659。

註四八： Ibid., pp.155-157.

註四九： Ibid., p.220,253.

註五十： Ibid. p.263.

註五一： Ibid.

註五二： Jean C. Oi, op. cit., pp.225-226.

註五三： Ibid., p.226.

註五四： Yunxing Yan, "The Culture of Guanxi in a North China Village" *the China Journal*, No.35, January 1996. pp.1-2.

註五五： Ibid.,

註五六： Ibid., pp.14-15.

註五七： Mayfair Mei-hui Yang, "Between State and Society:The Constrution of Corporateness in a Chinese Socialist Factory "*The Australian Journal of Chinese Affairs,*

No.22, 1989,p.38.

註五八： Ibid.

註五九： Andrew G. Walder, *Communist Neo-Traditionalism :*
Work and Authority in Chinese industry （ Berkeley :
University of California Press, 1986 ）, p.13.

註六十： Ibid., p.13,23.

註六一： Ibid., p.24.

註六二： Ibid., p.165.

註六三： Ibid., pp.24-25, pp.170-175.

註六四： Ibid., p.164,166.

註六五： Ibid., p.26,164 and pp.166-170.

註六六： Ibid., p.26,165 and pp.179-181.

註六七： Ibid., p.106,181.

註六八： Ibid., pp.5-7,p.189.

註六九： Ibid., pp.233-234,238

註七十： Ibid., pp.238-239.

註七一： Ibid , pp.239-240. Andrew G. Walder , "The Decline of
Commmunist Power: Elements of a Theory of Institu-
tional Change" *Theory and Society* 23, p.307. 王景
倫，《走進東方的夢》（北京：時事出版社， 1994
年）， p.334.。楊美惠的個案研究中也顯示了工人之
分裂仍是一社會事實，工人「有組織」的團結並不容
易，See Mayfair Mei-hui Yang, "Between State and
Society "(1989).

註七二： *Communist Neo-Traditionalism,* p.230,235.

94　當代中國文化轉型與認同 ⊠

註七三： Mayfair Mei-hui Yang （1994）, op. Cit.

註七四： Ibid., p.158,172.

註七五： Ibid.,p.159,171.；但楊美惠強調農村基本上是傳統「人情」倫理，而城市所流行的則是工具化的「關係」，而袁永祥（譯音）則指實為一體兩面，不易區分，本文從後者。 Yungxiang Yan, op. cit., p.4 and pp.24-25.

註七六： Maufair Mei-hui Yang （1994）,op.cit.,pp.164-167, 171-172.

註七七：此外，還有一重要不同處，即瓦爾德視「關係」為所有共黨統治過之地區普遍的現象，而楊美惠（及楊永祥）則強調其特殊性，強調它之儒家文化根源。

註七八：張保民，《中國現代化的困境》（香港：明報出版社，1992年），頁252-254。

註七九：這僅限於官方的論述，在現實運作中，譬如扈從體制中，「關係」之實踐仍極重要，只是未以「關係」名之。

註八十： Mayfair Mei-hui Yang （1994）, op. cit., pp.58-59.

註八一： Ibid., p.54,56,60.

註八二： Ibid., p.67,264.

註八三： Ibid., pp.200-203.

註八四： Ibid., pp.191-199.

註八五：請比較 Mayfair Mei-hui Yang （1994）,Ibid ., p.297. 筆者在這理的論述方氏與楊氏開始有所區別。

註八六：中共「文—經」掛勾的普遍發展趨勢，究竟言之，還要關聯到其意識形態共同體的重建，這是筆者本文在

一開始即已清楚指陳的(詳第一章第六點)。此處可謂進一步從具體之「關係」文化的發展來回應前述論點，並將之納入「文化霸權」之爭奪的脈絡。(詳下文)至於意識形態與建構想像共同體的關鍵請參閱： R. Bocock and K. Thompson （ ed.）, *Social and Cultural Forms of Modernity* （ Cambridge: Polity Press, 1992 ） pp.341-343. Stuart Hall and David Held et al. （ eds.）,op. cit., p.291.

註八七：就是說，它們可以延續共同的主題，採取一些相似的情節，但其意義卻不相同，參閱朱元鴻,前揭文,頁 19。

註八八：重新構連，意旨意識形態鬥爭之目標不在拒絕構成對反意識形態的一切要素，而是打散它並重新詮釋重新組成使成另一體系。參閱 Chantal Mouffe，" Hegemony and Ideology in Gramsci，" in Tony Bennett et al. (eds.) Culture,*Ideology and Social Process: A Reader* （ London: Open University Press, 1981 ）, p.231.

⊡ 第 3 章 ⊡

┌─────────────────────────┐
│   │
│   轉型期間知識份子之   │
│   自我意識與文化認同   │
│   │
└─────────────────────────┘

　　從精英主義的觀點而言，知識份子是主要的文化生產者，在文化轉型期，知識份子尤其扮演了「創造者」的角色，通過他們的帶頭作用，引發了整體文化的變革，因此，歷史學者湯恩比（A.J.Toynbee）才強調，一個民族的文化要發展，首先要有一強有力的精英階層存在，其次，一般大眾亦要有模仿精英的願望。（註一）以此觀之，八〇年代中國大陸之文化轉型，誠如某些大陸學者所指出，知識份子們由於種種政經條件的限制，並未能與公眾構成一有效的「公共空間」，以致改革開放以來十餘年的文化啓蒙工作，終而無法贏得民眾的信任與支持，知識份子既未被認同為「創造者」，民眾亦未曾自覺的加以模仿。（註二）在「啓蒙」工作上的這種挫折，使得許多知識份子深為扼腕嘆息，甚且悲觀的認為，在當前商品大潮下，知識

份子已不需要再去「啓蒙」別人，反倒是要先保住自己—實踐自己之精神獨立和經濟自主。這種純粹負面的認知，依筆者的觀點，並沒有必要，事實上，在外域（特別是西方）文化的引介、選擇與詮釋方面，「啓蒙」的種子已經播下，至少就文化界本身言，這項努力，確實在思想突破、學術研究與文化創新三層面促成了開放多元的傾向，（註三）而爲長期性之文化轉型、人心變革奠下基礎。

其次，文化界這種思潮澎湃但同時啓蒙工作卻始終未能在群眾中贏得迴響的弔詭現象，除前述政、經條件限制外，依筆者的看法，究極言之，又關聯到知識份子靈魂深處一種深刻的危機意識，一種既涉及到個體自我也涉及到集體自我之形塑的認同危機。可以如此說，就深層結構而言，正是這種心理認同方面的自我迷失、徬徨，以及對它克服對策的不同，啓發了八〇年代精英階層文化爭論的熱潮，但也終究肇至了啓蒙工作的不順遂，這其中有複雜的社會—歷史因素需要交待，本章亦試圖在這方面作一探索。

進言之，解決方案的不同，亦向吾人顯示知識份子間沒有共同思想，也因此，在文化霸權之建構方面，文化自主性方面以及對知識份子角色的自我定位方面亦都展現了種種歧異甚且南轅北轍的見解，需要我們進一步去釐清。不過，在筆者自身之論點進行闡述前，我們有必要先回顧一下「文化熱」之緣起。

第一節　改革開放過程中知識份子與西方文化之互動

　　改革開放以來，知識份子在文化轉型方面最引世人矚目的盛事，莫過於八〇年代的「文化熱」，亦即 1984 年下半年開始，大陸學術文化界所掀起的一股文化討論熱潮。

　　這個可謂在中共建政後興起的最大文化熱潮，其主要表徵顯現在：進入八〇年代後，大陸各地先後舉辦了各種類型的座談會、討論會，如「中國文化史研究者座談會」、「中國近代文化史討論會」、「中國近代科學落後原因討論會」、「全國東西文化比較討論會」「中國文化講習班」……，透過這些座談討論既深入了文化思想的各種論題，同時也造成了加強文化研究的輿論與聲勢；其次，在一些高等院校及科研單位，亦陸續成立起一批批研究文化的機構和團體，如「中國思想文化研究中心」、「東西方文化比較研究中心」、「近代文化史研究室」、「中國思想文化史研究室」及準民間性質之「中國文化書院」等；它們還創辦了不少文化學術期刊，如《中國文化研究集刊》、《國學集刊》、《中西文化比較研究》、《東西方文化研究》、《中國近代文化問題》等，而圍繞著這些研究機構和刊物自然也就組織並培養起種種相關研究人才；此外，許多報刊也紛紛開闢了諸如「傳統文化與現代化」、「青年論壇」、「中外文化研究」等專欄，同時，

幾家有影響力的出版社也爭相推出「文化叢書」，如《走向未來叢書》、《中國文化叢書》、《文化哲學叢書》、《文化：中國與世界叢書》等。在報刊專欄及各種專刊及叢書的組織推動下，有關文化研究的成果如雨後春筍。據不完全的統計，僅 1985-86 年間公開發表的文化研究論著即達 200 多篇（部），而到 89 年六四學運止，相關之論文則達 1500 篇，（註四）而參與的成員則不僅包括大陸老一代專家和中青年學者，也還包括海外從事中國研究之西方漢學家、港台學者和外籍華人學者。（註五）

「文化熱」主要討論的問題十分廣泛，但約略言之可分為下列幾項：

1. 文化及文化的定義、對象、結構、範圍。
2. 中西文化比較。
3. 對中國文化所作之宏觀考察。
4. 對某些文化專史、專題或具體文化現象所作的探討，如《中西文化交流史》、《禪宗與中國文化》、《國民性探析》等。
5. 中國文化何處去？（註六）

這幾個方面的問題，表面上看起來並無邏輯關聯，但終究言之，卻可歸結到「中國文化往何處去？」此一論題。換言之，不論是文化理論的探討、文化史研究或文化比較，從縱深發展來看，都要關聯到此一主題。事實上，1988年夏季以後，代表八〇年代最後一波「文化熱」——環繞

著「河殤」電視影片的討論，即扣緊此一題旨而展開。（註七）也正因爲如此，我們可以如此說，這次「文化熱」討論之主線乃是涉及「中國現代文化與傳統文化及西方文化的關係」的「中西古今」之爭。（註八）

既然主線放在「中西古今之爭」，又正值「改革開放」時節，因此西方文化的大量引介自然不可避免。事實上，五〇年代以後，中共對西方文化的引介本來就很片面，主要焦點置於對馬克思主義經典作家的翻譯以及前馬克思主義的西方文化，而「文革」又進一步使此已甚片面的工作幾乎全面停止，以致青年一代學子「對非馬克思主義的西方文化幾乎一無所知，對現代西方社會發展狀況和面貌的瞭解一片空白」。（註九）因此改革開放以來，對西方文化的引介，特別是「文化熱」期間所形成的一股西方學術翻譯大潮，（註十）對當代中國文化之現代化發展，實是一筆巨大的精神財富，所可能引起的作用實不可估量。

概言之，此時期所引介、翻譯並給予新詮的外域文化可分爲下列幾類：

1. 科學主義思潮：以金觀濤、包遵信等之「走向未來」叢書編委會爲其重要代表，首先引用自然科學之舊三論（系統論、控制論和信息論）及新三論（耗散結構論、突變理論和協同學理論）進入人文社會科學領域，以對抗舊意識形態之哲學體系。隨後科學哲學、哲學方法論、分析哲學、邏輯實證論也陸續引進，其中，不僅介紹了如巴柏

（Karl Popper）的證偽說和庫恩（Thomas Kunn）的典範理論，並因而挑戰了傳統的真理觀，而另方面，甚至當代自由主義如海耶克等的思想也順勢引進。

2. 歐陸人本主義思潮：主要是透過甘陽等之「文化：中國與世界」編委會的大力鼓吹，所偏重的是哲學，詮釋學（hermeneutics）和一般人文學科。在此，迦德默爾（Hans-Georg Gadamer）、韋伯、佛洛依德乃至湯恩比等都是引介重點，特別由於詮釋學的被強調，也使得老一輩學者如梁漱溟的思想又重新受到重視。

3. 西方馬克思主義：如葛蘭西（Antonio Gramsci）和馬庫色（Hebert Marcuse）等。

4. 其他如詹姆斯、杜威之實用主義及其當代傳承者羅蒂（Richard Rorty）的思想，以及某些基督教神學思想。

5. 已融合了西方思想的現代化中國思想：主要是透過「中國文化書院」中介之海外「新儒家」的思想，如方東美、唐君毅、牟宗三的思想；此外如新康德主義走向式的主體哲學，主要代表是李澤厚。

除此五類外，還有些思潮如後現代主義（傅柯、德里達等）、存在主義（海德格、沙特）、尼采、哈伯瑪斯等的思想，由於與「文化熱」主線較不直接相關，因此，僅

流行於專業圈，或則作為一般化的社會思潮。（註十一）

　　如此大量接觸外域（尤其是西方現代非馬克思主義的）文化，對於已鎖國三十年的中國知識界（特別是青年知識份子）而言，稱得上是一種文化震盪（ cultural shock ）的經驗，而正是在此震盪效應中，一種足以將過去之觀念反思為片面的、蒙昧的「啓蒙」向度就此展開了，但這還只是知識份子自身的啓蒙，去設想為對群眾的啓蒙，尚為時過早（詳後）。於是一時之間，中國—西方，傳統—現代之爭，就成為文化知識界的熱門話題。而現實中，改革開放所面臨的瓶頸——如通貨膨脹，如何解決？「鐵飯碗」是否進一步打破？市場機制仍繼續擴大？——這些關於現代化發展定向的問題，亦透過中國知識份子「國家興亡，匹夫有責」的傳統而為此次「中西古今之爭」添加了現實的、政治的色彩。可以這麼說，八○年代「文化熱」最終歸結於「中國文化往何處去？」此一題旨，實與現實中「中國往何處去？」的省思息息關聯。

　　三種主要文化立場—西方近現代文化、馬克思主義文化與中國傳統文化—構成了此次文化爭論中相互激盪，彼此角逐爭雄的三種牽引力。（註十二）相對於此三種文化力，我們又可將圍繞此主線的爭議粗略的分為三派：

1. 代表「正統」馬克思主義的立場，對文化爭論之根本方向和指導思想加以質疑的傳統馬克思主義的觀點。
2. 反傳統派，他們絕大多數並不否認傳統文化中有

可取之處，但認爲中國新文化必需要在砸碎此種代表「封建」之傳統體系的基礎上重建，換言之，文化重構起點不是取自傳統文化母體，而是取自某種新的外來文化（西方文化或馬克思主義文化），代表人物如金觀濤、劉青峰、甘陽。

3. 反反傳統派，認爲中國新文化不可能憑空建構或異地栽培，只能透過、發掘弘揚民族文化中之優秀傳統，作爲融和外來文化或建構新文化之起點。（龐樸、湯一介、陳來、劉笑敢等）。（註十三）

對於那一方的那些觀點較正確不是此地關心的重點，這裡所關心的是：從原本正統馬克思主義「框框」發展到「反傳統」及「反反傳統」之立場，這種文化思路的發展研究代表了什麼意義？究竟其中有無可以貫連的線索？爲了解答此一問題，我們有必要將此次文化爭論，重新置於後毛時期大陸學術思想發展之主流脈絡中加以理解，而這一思潮流向又是透過以下幾次爭論展現出來：真理標準討論（ 1987 ），人道主義及異化問題討論（ 1980-84 ），主體性思潮的崛起（ 1980 ），科學方法論的興起（ 1980 ）以及這次的「文化熱」。這裡，林同奇的觀點值得參考，據他指出「人道主義的追求，展現爲人的再發現、再探索與再鑄造」乃是貫穿這些爭論中的一條基本線索。（註十四）質言之即：以「實踐檢驗真理」來對抗「兩個凡是」，是從對領袖的神格崇拜，重新回歸

到作為實踐主體的「人」自身的重新肯認；既然神在此只是被看成是人的異化，那麼去安排「人性的復歸」、「人的全面甦醒」、「人的解放」遂成為不可避免的結論；然則，「人性是什麼？」「人之為人，其區別於自然而又可作用於自然的主體性究竟是什麼？」，這又形成了對主體性的探索思潮；而進一步的科學主義的思潮則意味著從科學理性來彰顯人的主體性，再接到 1985 年以後「人文主義」的轉向，（註十五）則可謂從「批判—詮釋」向度來彰顯人之主體性。進一步，林同奇又指出這種「對人之主體性的探索與重建」在此次文化爭論中最具體的表現即都不約而同的集中在「文化的心理、意念等內在層面」，對制度、結構等外在層面則甚少論及。（註十六）之所以如此，林同奇認為是因為與會學者似乎多數相信如果文化包括器物、制度、心理三層面，則當代大陸之改革已「匆匆走過了（或進入）前兩層面，這次文化討論的重心應該是…文化的心理層面」。（註十七）筆者同意林氏的前述論點，但對此最後一項判斷則認為思考有欠周慮，因為對於前面兩層面不論是「匆匆走過」或正在「進入」，都不能說是此次文化爭論可以不予重視的充分理由，反而因為要「總結經驗、加緊反思」似乎才更應加以討論。因此，這種將焦點置於「文化心理層面」的特徵，必然另有原因。依筆者的看法，則關涉到知識份子之自我認同危機的投射，而所以有此危機，一方面在於政治環境的轉變，更關鍵的原因則在於「文化—意識形態體系」—此一對集體自我作定位的機制—本身的轉型所致。結果，這種內在緊張所反映

的知識份子主體性的摸索、追尋與定位，就自然的外在化為對人的主體性的探討上，而在這次文化熱中則表現為對民族集體心理的再鑄造（重建）。

第二節　文化傳承與新時期知識份子之自我認同

在＜後毛時期中國文化認同再議＞一文中，華特森（James L. Watson）曾指出，「河殤」以及整個 80 年代文化熱潮的所代表的，乃是知識份子試圖去對中國之文化認同基礎重作考察，試圖去重建一可為眾人接受的文化認同觀念。華氏留意到，當代大陸知識份子生活中普遍高度異化與失望的特徵；之所以如此，有部分原因是經濟的，是因為薪資凍結和通貨膨脹所致。當整個社會都一頭栽進對個人財富之追求時，知識份子或則亦憑其專業下海，或則眼睜睜的看著那些低知識水平之勞動者的收入節節攀升自己卻每況愈下，（註十八）其心裡無法平衡可想而知。但此外，華特森強調，還特別關聯到知識份子深切關懷當代中國文化演變的心結。對許多知識份子而言，中共早期（1949-57 年）所標榜的自我犧牲的倫理，曾吸引他們投入社會主義新文化建設，但緊跟而來的卻是理想的一再幻滅。七〇年代後期的改革，雖曾使他們一度重燃熱情，但十年文革的結果卻是彼此間對「中國往何處去？」

越來越缺乏共識。面對當前社會普遍追求自我利益的趨勢，許多知識份子遂認為，中共已放棄過去的理想，不再值得信賴，他們給中國新提出的前景亦不再能號召群眾。（註十九）

華特森的論點相當程度地勾劃出當代中國知識份子在文化認同上，質言之，亦即在文化所界定之「集體自我認同」上的徬徨與無依，然則他尚未顯示出在集體自我定位方面，知識份子間不同的立場究竟何在？其次，他也未能給吾人揭示在此種集體認同危機底下，中國知識份子由於獨特的文化因素使然，以致在個體自我之發展方面會遭遇到的特殊的心理認同危機。結果與前節中所提及之林同奇的分析一樣，他們都注意到文化熱潮中「文化心理」層面的意涵，但都未對此一層面的現象及其意涵作進一步的論析。在本節及下節中，筆者擬就此加以申論。本節中筆者先將焦點置於後者：文化因素及知識份子個體自我意識之發展。

戈德曼（Merle Goldman）在論及中國知識份子的社會角色時曾指出，他們是意識形態的發言人，國家的公僕，統治者道義上的批評者和道德的倡導者。（註二〇）而知識份子之所以如此特殊而重要，還在於他們被認為是掌握了那種可謂表徵了中國人集體自我理想的儒家經典，就是說他們是儒家文化，儒家理想的肩負者、傳承者。結果，他們不論是作為辯護者、公僕、批評者或道德提倡者，知識份子的使命都在於對此種「集體自我理想」加以闡釋傳述，或以為規範判準，或使之具體落實。在另一方

面，文化傳統中所強調的「學而優則仕」、「家事國事天下事，事事關心」、「國家興亡匹夫有責」……等這些理念，又賦予了知識份子去履行此一職責時的強烈使命感。在此，依儒家規範理想去參與政治，品評時政乃是知識份子的義務而非（像西方知識份子那樣是）權利；有時，為了原則，他們必須置死生於度外的堅持到底，以致「拋頭顱、灑熱血」在所不計。因此，中國知識份子參與國事，本身即蘊涵了一種自我犧牲的倫理，正是在這裡，知識份子找到了他的自我定位，就是說，作為個體自我，他將自身認同為儒家理想之肩負者、執行者，而儒家文化之理想，則是知識份子集體自我的表顯。這兩者間存在這一種相互增強的關聯。

既然作為國家意識形態之儒家思想與知識份子之自我肯認間有如此密切的關聯，而知識份子又唯其透過政治參與才能實現此理想，那麼他們與國家之間自然形成一種緊密的認同關係。然則，鑒於「君子之交淡如水」、「君子群而不黨」，知識份子間不能結合成獨立的政治組織，擁有制度化的權力；而另方面，「高處不勝寒」的憂慮以及盡士人言責的壓力，卻又往往迫使他們必須尋求與某些權力精英或派系領袖結盟，托其庇廕以遂其理念。（註二一）

而進入當代，隨著西潮入侵，儒家傳統遭受腐蝕，國家威權日益低落，這些劇變，對於知識份子之自我意識言，都構成了嚴峻的挑戰，而一九四九年中共政權之成立，則又給予這些瀕臨毀滅之自我意識一個「重生」的機

會，這其中，「思想改造」起了重要的作用。（註二二）

　　事實上，在中共政權下，中國知識份子仍傳承了不少過去的角色與功能，譬如他們仍高度認同國家，但又要「為民請命」，他們仍依附政治派系，並透過此依附關係，而得公開去表達其觀點以影響政治。（註二三）然則，這些延續與調適，並無法掩飾知識份子與新政權間在思想行為方面某些更為基本的矛盾與衝突，這正是知識份子需要「思想改造」的緣起。在儒家傳統中，知識份子作為道德倫理之提倡者，是群眾自然的領導，民意自然的反應，他們臧否時政，作民喉舌；而歷經五四洗禮，使他們又傾向接受自由民主的價值觀，要求一定程度的多元化，並勇於揭發社會陰暗面；而作為現代化的推動者，他們要求在政治、經濟生活中佔有決策地位。然則，馬克思主義卻強調工人才是社會主體，知識份子應接受其先鋒隊領導，應按照黨的要求去歌頌群眾，去歌頌工農兵；知識份子作為現代資產階級思想之載體，在傳統與現代間居於架橋的地位，但同時也是一危險階層，應先接受社會主義思想改造，徹底服從馬克思主義意識形態的權威。（註二四）而毛澤東之農民主義傾向以及他對知識份子的特殊偏見，（註二五）更使得此種矛盾被凸顯，同時也越發使得知識份子的自我改造成為無可避免。在此種處境下，經過黨的鼓動，許多知識份子「志願」接受黨的改造和批判，以換取他們進行體制內改革和批判的空間，（註二六）俾使知識份子之使命感有所寄託。然則，這種自我貶抑並未能使得知識份子在新政權下取得更好的生活條件，他們的自我

坦白、自我反省，也未能使其獲致「重生」，只是純粹的自我否定而已。而在 1966 年發起之文化大革命中，知識份子作爲「臭老九」不僅處於社會的最底層，同時也受到了空前的迫害，他們一方面要向工農兵學習，要下放農村基層接受貧下中農的再教育，同時也受到那種最惡毒的來自自身階層－知識份子對知識份子的攻擊，以致可以說存在著一種極大的「自我懷恨」（self-hatred）。（註二七）這種情況一直要到七〇年代末八〇年代初「改革開放」後才有所改善。換言之，從新政權成立到改革開放前，知識份子原先在西潮入侵之現代化過程中其自我意識所遭受的挑戰，所面臨之認同危機，不僅未能解決反而深化了。就是說，他們是以「自我否定」（不論是被迫或自願）的代價來換取「天下爲己任」這種知識份子肯定自我的傳統，其間存在之內在矛盾與緊張，當黨和領袖權威鼎盛之際，尚可透過權威崇拜而加以平撫、掩飾，但當這些權威本身亦遭腐蝕，當「三信危機」已是普遍之事實時，這種強烈自我否定、自我憎恨意識所引致之內在緊張，就不免表現爲＜苦戀＞劇本中那句憤語「您愛這個國家，可是這個國家愛您嗎？」，（註二八）如是，爲找尋舒解之道，勢必另尋出路，似乎這正是八〇年代以來知識份子自主性活動雖迭遭遏抑而仍日益昂揚的心理根源。

總言之，當中共掌握了國家權力和意識形態霸權後，雖然，對部分知識份子言，其傳統之諮詢功能，仍得以在國家或地方權力精英的庇護下，在權力鬥爭的夾縫中，有一定程度的發揮，而得繼續影響政治決策，但這畢竟不是

常態，而整體言之，所有知識份子都遭受當局無情鎮壓，毫無自主性可言，一直要到「改革開放」以後，知識份子這種自主性才真正有機會實現。這首先關聯到那些基於知識份子私人情誼所形構的可自由討論公共事物的「沙龍」。

沙龍之建立源起始於八○年代，但其根苗則種於七○年代或更早，當時，毛為了要肅清城市知識份子之資產階級殘餘，以及後來為了不使當過紅衛兵的知青留在城市鬧事，而強迫知識份子分期分批下放農村，此一措施，卻無意間促使知識份子們之組織在農村播種，下放農村之青、老知識份子在此過程中形構了他們彼此間的人際關係和政治信念。及至毛死，文革結束，政權控制鬆動之際，部分知青折回城市，發行地下刊物，從社會立場抵制國家，鼓吹新價值。但一般言之，他們並不公然從事政治，除非受到權力精英的保護。（註二九）

據陳一諮指出，北京和各大城市中青年群體間成立小組討論國是，對政權作整體反思的現象，早在七一年、七二年「林彪事件」後即已出現，到「四人幫」垮台後，這種討論則更形活躍。其中，討論之主題則不外乎「馬克思主義、社會主義究竟是否還行得通」，以及「如何變革現行制度」等主題，而討論的地點則經常是在親朋好友家中。（註三○）在北京大學，青年學生甚至組成了社團，後來又有「西單民主牆」的出現，但這些較公然的舉動，事實上都是在權力精英默許和鼓勵下才有其可能。（註三一）同樣的，後來陳一諮自己組建「中國農村發展問題研

究組」時，也是得到黨政高層某些力量支持的。他們這個小組的成員都在大學受過專業教育，文革時也都在農村蹲點過，相信中國大陸需要劇烈變革，回北京後，透過各種關係找尋政治支持，除了胡耀邦以及後來趙紫陽、萬里之支持外，鄧力群之子鄧淘英也因理想相符而加入他們之團體。（註三二）其他的例子如武漢之《青年論壇》，在 1987 年「反資產階級自由化」運動時本要停刊，因獲得胡耀邦之子胡德平同情而維繫下來。（註三三）

　　不過，八〇年代的知識份子自主性增加，還有更背景性的原因，那就是社會變遷，社會本身自主性增加所致。而知識份子在一定意義上又回到傳統模式，以社會代言人自居。改革開放以來，黨國對於社會的控制就日益減少，這一方面是因為怕重蹈「文革」極左路線的覆轍以及防範林彪「四人幫」餘孽回朝，而另方面則是因應「經改」所需，唯恐「泛政治化」影響改革既有之成就。因此，幾次政治整肅及運動—如白樺事件（ 1981 ）、清除精神污染運動（ 1983 ）及反資產階級自由化運動等—都小心加以控制而未擴大。隨著經改的深化及制度結構進一步的分化，在國家之官方領域及個人之私人領域間出現了一種經濟和社會之多元化的領域。而知識份子對黨國的依賴性亦相對減少，有些知識份子離開了國家部門到私人部門工作，甚或去發展私人或集體企業。此外還有些知識份子，則以其專業知識為背景，成立種種官方、半官方或私人贊助的團體，為黨或政府機構提供咨詢服務，以協助在經濟發展、法律、行政等各方面之決策。這又是得力於「四化」

所形成之販售知識產品的政治市場。柏陵（ Michel Bonnin）和齊菲爾（ Yves Chevrier）將那些顯示了知識份子之自主性的文化組織分為三類：

1. 民間、民辦或自治組織。
2. 半官方性質，與行政機關、研究單位、國家或集體企業在組織上有關係，但又不受政治機關直接監督的研究所或團體。
3. 官方性的，黨中央之下所建立之研究組或研究所，在高官保護下提供改革咨詢服務，影響政策，但表達觀念時較獨立，不受黨教條束縛。（註三四）

前述所謂「民間」，並非謂作為一種公開的組織，它可以和官方體制沒有關聯，但這在中國大陸是不可能的，因為在大陸每一組織都要有一「歸口單位」，但鑒於這只是形式上的掛牌，且財政上完全獨立，故名之。譬如「北京社會學與經濟學研究所」之歸口單位是「國家科委」之「人才交流中心」。（註三五）其他不公開之組織如「黑山扈」（ Heishanhu）沙龍，是由一些學哲學的年青人和對西方哲學有興趣之共青團幹部組成，他們聚在北京西區朋友家中，討論那些雖然不是政治，但卻是官方出版物上看不到的如沙特、海德格、馬庫色的作品。由於許多高幹後代是其成員，因此不僅可提供內部資料，事實上亦提供保護。（註三六）

屬於第二類的組織，則包括如國營企業「首鋼」在轉成「公司」組織時所設立之研究中心。雖然改組公司後，「首鋼」與黨國關係之密切自毋庸置疑，但就所屬之研究中心其成員可獨立作業不受外界干擾言，可謂事實上具相當自主性，故歸屬之。其他，如上海出版之《世界經濟導報》，上海社科院資助，可謂是準官方附屬機構所支持之「民間」期刊，具一定自主性，平常黨之宣傳部門管不到，除非在政策開始緊收，如「六四」危機時，其主編即為市黨委所撤換。（註三七）

　　至於，第三類則可以陳一諮之「中國農村發展關係研究組」及後來之「中國經濟體制改革研究所」為例。但其中，「農村發展研究組」最初仍是民間的，是以後才逐漸發展成「半官方的」；而「體改所」雖是在趙紫陽授意下成立的，但如陳氏所指出，該所確擁有科研自主權、人事自主權和財政自主權。（註三八）

　　這些新的自主形式與取向，當然不是說知識份子已經佔領了屬於他們自己的「文化戰線」，而是說，他們不再盲目效忠黨國。有些覺醒的知識份子，已重新調整立場，開始以「社會」之名來對國家進行批評建言，促進改革；他們並非不知道其作為有種種限制，也未曾一刻稍忘黨國仍掌控著最後的生殺大權，如果不是八九年過熱的政治氣候，他們始終會在此種小心自我設限的情況下去拓展其自主空間，然則，在重重框限中，他們究竟如何運作呢？這關聯到知識活動的「商品化」。

　　改革開放以來，文化面向市場、減少對國家依賴這本

是既定政策。對於財務困窘之專業機構及出版單位言，成立研究團體，發行刊物或叢書乃是改善財務，補助「鐵飯碗」微薄工資的不二法門。正是在此種考量下，許多原先私下討論的沙龍得以一下化暗爲明以「編委會」的名義來編叢書。如「黑山屋」沙龍改頭換面爲「文化：中國與世界」編委會。（甘陽負責），它與出版社「三聯書店」簽約，抽取版稅。其他如金觀濤之《走向未來叢書》，則是與四川人民出版社簽約。透過此種合作形式，也使得出版社會基於經濟的考量而軟化其文化檢察的僵硬立場，同時也給知識份子一個在體制內發展自主性的機會。這一方面表現爲他們可以出版他們想出版的書，例如《走向未來叢書》大部分介紹西方理論，而另一部分不屬西方的作品，亦批判傳統；另方面此自主性亦可以表現爲拒絕出版與其立場不一致之書—如「文化：中國與世界」編委會就拒絕出版他們視爲是左派份子之人民大學副校長之書。（註三九）此外，研究單位，尤其是私人性或準私人性質之研究單位的擴張，以因應市場需要，亦可視爲是自主性增加之例。

　　不過這些研究團體也不只是光靠販售知識產品就能維持，事實上一旦面向市場，獲利與否並無保證，往往還要靠某些較富有之公私企業的支持。如萬潤南「四通」公司之支持「社會發展研究所」，及「首鋼」之研究中心。其他如陳子明、王軍濤所支持之民間性質的「中國政治與行政科學研究所」，其財力雄厚，曾舉辦多次社會調查和學術研討活動，他們同時還買下了《經濟學週報》使之成

為第一個民辦刊物。企業之外，海外的支持也很重要，這包括向國際基金會申請經費援助等。（註四〇）

如是，八〇年代知識份子自主性的實現，不僅是傳統取向的依附權力精英之保護，同時還透過面向市場，來增加文化知識活動的獨立性，甚且還透過對新興社會精英（企業家）的依附，而發掘了更多自主性的潛力。

儘管有此改變，然則「以天下興亡為己任」此種知識份子關心國是的傳統，卻仍然得以維繫。情形似乎正是這樣：儒家文化賦予知識份子的這種對集體自我作定位並為之努力的使命，此一文化要素對於知識份子之自我實現、自我認同之形構極為重要，以致雖歷經改朝換代，卻仍得以種種不同的形式延續下來。在「改革開放」前，他們是以「自我批判」、「自我否定」此種極其弔詭的形式，來保存傳統賦予他們的「自我肯定」的文化內容。而改革開放後，在較寬鬆的政治、經濟條件下，他們試圖在權力的夾縫中，在市場運作的機制中，給自我同時也是文化自主性衝出更開闊的公共空間，以較獨立於黨國之外的地位，乃至以社會之名，來給當局之改革提供建言評議以及形構新的政治理想。換言之，他們是要在一種更能維持其自我生存及自我發展的情境下，去重拾文化傳承所賦予的使命，為自我同時也是為集體認同（中國往何處去？）重新尋找出路。

第三節 三種知識份子與文化認同之重構

前節中我們描述了「改革開放」以來知識份子對於自身自主性的追求，他們從自己的專業和能力出發，或則憑藉權力精英的信任與庇護，或則透過市場經濟機制取得足夠的財力，而得遂行此目的。然則並非所有知識份子都如此，對於許多在國家拿死薪水的知識份子而言，知識活動的商品化，被認為是不道德的而大加撻伐。（註四一）對於以「社會」之名來給權力精英作改革獻策，也認為沒有必要。他們反對變革，尤其害怕面對市場，對於自身獨立性之爭取不感興趣，寧願與現實政治妥協，依附黨國。（註四二）當然，其中也有不少知識份子是介於這兩極端之間，他們渴望變革，因此也參與了前節中那種追求自主的努力，但他們瞭解改革非一蹴而幾，故而也尊重現況。如此，就八○年代中國知識份子追求主體性的立場著眼，我們可以分別得到三種不同的自主化類型。鑒於此自主化過程亦是洞察當代知識份子之文化認同危機的一項重要指標，因此我們也可以將此不同程度之自主化要求，視為是他們在心理文化層面針對認同問題所致生的不同反應模式。緣此，我們就可以重新銜接上第一節中關於「文化熱」的討論，也就是說，對「中國往何處去？」的主張，實關聯到對集體自我認同的定位，而對以此為傳統職志之中國知識份子而言，亦是自我認同的憑恃。這也就是筆者所謂

八０年代「文化熱」興起的一種屬於深層結構的心理文化基礎，而這次討論重心會落在文化之心理面亦可謂其來有自。

概言之，在「文化熱」的討論中，那些影響不大，但卻具有相當普遍性的正統馬克思主義觀點，最可以反映我們前述所謂「對自身獨立性之爭取不感興趣」的一類知識份子。在自主性方面，你不能說他們沒有任何主張，畢竟，相對於「改革」前，特別是文化大革命時，知識份子的地位已大大提高了，已由「臭老九」變回「勞動人民的一部分」，而他們對此境遇滿意，因此雖然在「職業自治或要求確立知識界的完整」方面採取抵制態度，但仍顯示了一種對自主性道路的選擇，或許弗洛姆在《逃避自由》一書中對「權威性人格」的描述正可以適用於他們。（註四三）其次，你也不能說他們選擇此一道路，只是基於個人與執政精英的密切關係，（註四四）而忽略他們對馬克思主義「正統」觀點的執著與認同。事實上，他們之中有不少人不僅對「西化」主張的高漲表示憂心，即對於所謂「封建傳統」的重新肯認亦深懷戒懼。李一氓這位老馬克思主義者的例子即頗具代表性。他在過世前曾有一封給友人的信，表示了對孔子哲學復興的危機感，他說：「我們都是經過五四運動以後的人，一般來說，也是受過馬克思主義的人，看見孔子哲學仍然具有官方哲學的味道，橫行天下，真使人瞠目以對。簡單的說，馬克思主義和孔子教義，無論如何是兩個對立的體系，而不是可以調和的體系（折衷主義），或者並行不悖的體系（二元論）。我們無法把

馬克思主義的地位輕易的讓給孔子，因為我們的世界觀無法接受一個唯心哲學體系。可是現在我們連這個簡單的藩籬都撤銷了。弄得人們不再清楚如何去分辨馬克思主義和儒家學說，如何去看待社會主義和封建制度。」（註四五）

李一氓這段話，充分表達了一位老馬克思主義者、老共產黨人對思想理論戰線上之「混亂現象」的嚴重關切和憂慮。質言之，也就是一種由集體認同模糊而引發的自我認同的危機感。對許多同類型之知識份子而言這論點亦確是「一段意味深長、發人深省、切中時弊的話」，（註四六）因此，這段話的內容才會於他死後，由《文匯報》公開發表，（註四七）顯示確實反映了一部分人的意見，特別是那些篤信馬克思主義的知識份子而言，馬克思主義正統理想的堅持，既是文化群體之集體認同，亦是其個人自我認同之所繫。只是很弔詭的，這些反儒家的馬克思主義者卻不自覺的持續了儒家對知識份子的期許─關心國是，關心集體認同之文化價值等。

與此相反，主張「西化」的「反傳統派」，則與我們前節中所描述之追求自主化的知識份子大體一致。他們概言之，渴望現代知識份子應有之職業自治以及文化知識活動的免受國家干預，在現實中，他們或則主張站在社會的立場為權力精英作諮詢服務，並受其庇護，或則透過市場機制販售其知識產品以取得經濟支持。不像傳統知識份子之效忠朝代，他們對黨國不效忠、不依附，甚且還採取了相當批判的立場。而在文化認同方面，由於他們的年齡普遍較低，因此易於接受新生事物，對於市場化的變革抱持

十分積極的態度，當然這也是他們能成功調適社會轉型的自然反應。他們反傳統，尤其反對代表共產黨的那個馬克思主義傳統。（註四八）他們認同西方之民主、自由及其現代化，但很明顯的將它完美化了，以至於其中有些人如遠志明、蘇曉康、甘陽以及劉曉波等，後來當他們真正到西方親見親聞後又不免有所後悔。譬如劉曉波就曾如此表示：

「……所以我對中國文化的批判是以對西方文化的絕對理想為前題的，我忽略了或者迴避了西方文化的種種弱點……這樣我便無法站在更高層次上對西方文化進行批判性反省……而只能……以一種過分誇張的態度來美化西方文化，彷彿西方文化不但是中國的救星，而且是全人類的終極歸宿。」（註四九）

正是這種全面向「西方取經」的文化認同方式，使他們忽略了與自身不可割捨的文化傳承，以至在「反傳統」的旗號下，他們重蹈了過去「自我否定」的覆轍─否定了傳統文化，也否定了此文化給知識份子所作的自我合法化的設計─合法化他們對國是的關切。誠如楊小凱很細心的觀察到：「而（以《河殤》為代表的）『新思潮』在批判傳統這一點上，正好繼承了共產黨文化傳統─它不但繼承了共產黨文化傳統的內容；而且繼承了共產黨文化的形式。《河殤》中沒有推崇中國文化傳統的反對派聲音，完全是一言堂」，「新思潮的很多代表人物生活在共產黨統

治的陰影下，多少有一些幾乎人人有的被迫害狂心態。他們下意識地維護自己在這個社會的合法性⋯⋯他們必須在共產黨歷史上合法的五四運動中找正統的根據，沒有人能批判五四運動，他們必須在共產黨反封建、反傳統的文化中找正統的根據，沒有人敢說『封建是民主產生的土壤』這類反馬列主義歷史唯物論的觀點」。（註五〇）就此而言，反傳統派與「正統」馬克思主義者，儘管在主張上看似南轅北轍，而在心理基礎上卻是一致，都是基於一種長期壓抑扭曲的自我，一種自虐式的自我，只是一者表現為自我否定，而另一者則表現了過度自我膨脹的「形式」。結果與「正統」馬克思主義一樣，在此種文化認同下為集體以及個體自我所構思的出路，同樣不能真正面對當下之認同危機。不過，這並不是說他們在對知識份子之自主化的努力方面沒有貢獻，在這方面，特別是就善用市場機制言，他們的確是向前邁了一大步，但如將此自主化過程總結為全面「向西方取經」的文化認同方向，則是認同定位上的錯誤；其次，我們也必須承認，這種一廂情願的崇拜西方，卻是大量翻譯西方著作、引介西潮的重要動力，就此而言，「反傳統派」對現代化，對「中國往何處去？」的探尋，仍有不容抹煞的意義。

相形之下，「反反傳統派」在面臨認同危機時，他們的心態顯然是比較平衡的。他們並非都認同傳統，而所主張承續的傳統、源流亦不盡相同，但都一致認為中國新文化不可能向壁虛構，無中生有，必須立基於對民族文化中某些優秀傳統的發掘與弘揚，據以來汲取外域文化或作為

建構己身新文化的起點。姑且不論他們各自主張的內容如何，這種折衷的立場，本身即是一極佳的策略點，對外域文化既能批判的取用，對自身文化傳承在反省之際亦能加以正視，承認其無從擺脫，並因而在文化認同的重建上，不至落到「民族虛無主義」的立場，但也不至「鐵板一塊」漠視變革的必要性與無可避免性。其次，如此重建之新的文化認同形構，亦符合個體自我發展的階序：即新的認同形構總是要立基於舊的認同形構之上，我們總是在總結過去的經驗上去成就新的自我開顯。這對於在個體自我與集體自我認同形構方面有特別密切關聯之中國知識份子言，尤其有其意義，也就是說，在自主性的成長方面，它有利於在保持知識份子之「憂患意識」這種道義責任傳統與作為西方現代知識份子之專業倫理間，取得平衡。（註五一）就政經現實言，這也是比較務實的態度，「反反傳統派」的主張者本來年齡就稍長，他們深切瞭解中共文化政策「一收一放」的現實，因此折衷的態度就不至不顧現實，但也不至完全為現實所框限。單就政治現實言，這可以減少因「反傳統」而引致反主流意識形態的疑懼，以及可能引發之政治衝突；而就經濟現實言，我們知道，市場經濟的發展，所引發的「腦體倒掛」的現象，使所有知識份子都受打擊，這不僅是在經濟收入上的相對較低，而且還意味著相當部分之文化霸權為經濟邏輯所取代——譬如法蘭克福學派所批判的「文化工業」可執行的意識形態功能，（註五二）因此知識界才會有如此的意見：「啓蒙已經不必要了，因為工人、農民已經幹起來了……文化人

面臨的難題不是去啓蒙別人，而是自己如何去適應商品經濟的發展」，（註五三）但是我們亦不宜忽略知識份子以知識取得合理市場價格以及經濟市場邏輯之限制下，市場經濟可以給知識份子起的自主性作用，在此，傳統文化中對知識份子之期許，特別是「以天下爲己任」這種使命式的自我期許，顯然有助於防止知識文化的過度商品化，甚且，可因之使文化體系建全而發揮所謂市場「解毒劑」的功能。（註五四）事實上，當知識界去惋惜啓蒙之早夭以及商品社會功利主義過度泛濫之情形時，儘管在市場經濟大潮下，聲音顯得過弱，但毫無疑問，已經是在進行此功能了。

　　總結本章論點，我們可以如此說，八〇年代「文化熱」，雖然是指整體文化認同危機的表現，但同時亦是知識份子自身心理認同危機的投射。文化傳統中對知識份子之期許，早已成爲中國知識份子自我定位的理據，卻長期在現實政治中遭受打壓，而「經改」後則又面臨市場經濟大潮的挑戰，雖然這也給他們提供了一個透過市場來增加其自主性的機會，但同時也構成了一種壓力和負擔，特別是那些安於現況仍要依附黨國之人，更何況社會普遍商品化的趨勢，特尤其是「腦體倒掛」的現實更令所有知識份子都受打擊，並因而深化了他們這種雙重的危機意識，爲此，他們勾劃了三種不同的出路：基於「正統」馬克思主義，基於「反傳統」以及「反反傳統」的文化認同形構。這種歧異，顯示他們之間沒有共同思想，對自身之文化定位各自不同。雖然，具折衷色彩的「反反傳統」派的方向

似乎較具實踐的可行性，但是鑑於在這些知識份子間卻還缺乏起碼的共識，也就是說，知識界本身仍處於深切的認同危機中，再加上種種不利之政經條件，結果使得對群眾的啓蒙工作繳了白卷。儘管如此，這次文化熱潮，在對外域文化特別是西方文化的引進方面，以及由此而生之深切反思方面，確實發揮了深遠的影響，因此，它雖然是一次「未完成的啓蒙運動」，但確已播下啓蒙的種子。

【註　釋】

註一：轉引自陳曉明，＜歷史轉型期的文化模仿＞，《中國論壇》，民國 80 年 11 月，頁 8。

註二：同上，頁 9-11。

註三：傅偉勳，＜外來思想的衝擊與多元開放的文化創新＞，載陳奎德主編，《中國大陸當代文化變遷》（台北：桂冠，1991 年），頁 12。

註四：王俊義，房德鄰，＜對八十年代「文化熱」的評價與思考＞，載張立文、王俊義等編《傳統文化與現代文化》，（北京：人民大學出版社，1987 年），頁 387-388。陳奎德，＜文化熱：背景、思想及兩種傾向＞，載陳奎德主編，前揭書，頁 37-39。林同奇，＜「文化熱」的歷史含意及其多元思想流向＞（上），《當代》，第 86 期，1993 年 6 月，頁 64-65。

註五：王俊義、房德鄰，前揭書，頁 388。

註六：同上。

註七：陳奎德，前揭書，頁 42。林同奇，前揭文，頁 65。

註八：陳奎德，前揭書，頁 40。

註九：陳來，＜改革開放以來大陸學界對西方文化的研究＞，《兩岸文化思想與社會發展學術研討會論文集》，1994 年 5 月，IIIC 頁 2。

註十：同上，IIIC 頁 6。

註十一：陳奎德，前揭書，頁 38，42-50；陳來，前揭文，IIIC 頁 3-4。

註十二：林同奇，前揭文，頁 66。

註十三：此分類參照了林同奇和傅偉勳兩位先生的觀點，並配合本文研究需要而區分為三類。請參照林同奇，＜「文化熱」的歷史含意及其多元思想流向＞（上）（下），載《當代》，第 86 期（1993 年 6 月)及第 87 期（1993 年 7 月）。傅偉勳，前揭文，P.12.

註十四：林同奇，＜「文化熱」的歷史含意及其多元思想流向＞（下），頁 68。

註十五：陳來，前揭文，頁 5。

註十六：林同奇，前揭文（下），頁 72。

註十七：同上。

註十八：James L.Watson " The Renegotiation of Chinese Cultural Identity in the Post-Mao Era " in Jeffrey N. Wasserstrom and Elizabeth J. Perry ed. *Popular Protest and Political Culture in Modern China Learning from*

1989（Boulder:Westview Press.Inc. 1992), p.69.

註十九：Ibid.

註二十：Merle Goldman, *China's Intellectuals:Advise and Dissent* (Cambridge : Harvard University 1981),pp. 3-5. 王景倫，《走進東方的夢：美國的中國觀》（北京：時事出版社，1994），頁 224，229。

註二一：參照王景倫，前揭書，頁 224-228。

註二二：斯圖爾特・施拉姆（Stuart Schram），《毛澤東》（北京：紅旗出版社，1987 年），頁 235-238。

註二三：王景倫，前揭書，頁 235-236。

註二四：同上，頁 237-238。

註二五：See Leszek Kolakowski, *Main Currents of Marxism: Its Origins, Growth and Dissolution*, Vol.3, translated by P.S.Falla (Oxford: Oxford University Press, 1978) p.494ff. 羅曉南，＜毛澤東思想：一個農民馬克思主義的烏托邦＞，《中國大陸教學參考資料月刊》，第 16 期，民 73 年 4 月，頁 87-96。

註二六：Michel Bonnin and Yves Chevrier, " The Intellectural and the State: Social Dynamics of Intellectual Autonomy During the Post-Mao Era, " *The China Quarterly*, No. 127, Sept. 1991. p.571.

註二七：王景倫，前揭書，頁 240,268. R. G. Wagner, "The PRC Intelligentsia: A View from Literature," in Joyce K. Kallgren,ed., *Building a Nation-State; China After Forty Years*（Berkeley: University of California,

1990）p.168.

註二八：轉引自周玉山，《大陸文藝新探》（臺北，東大圖書公司，民 73）

註二九： M.Bonnin and Y. Chevrier, *op. cit.*, pp.572-573.

註三十：陳一諮，《中國：十年改革與八九民運》（臺北：聯經出版公司，民 79 年）頁 8-10。據大陸留美學者宋永毅指出，甚至在六九年前後，許多青年學子即已有機會閱讀到作為「內部讀物」的「修正主義」和「資本主義」禁書，並開始對中共作反思。宋永毅，〈文化大革命中的地下讀書運動〉，《中國大陸研究教學通訊》，民國 86 年 5 月，第 20 期，頁 10-16。

註三一：同上，頁 10。

註三二：同上，頁 4 及頁 36 以下。 M. Bonnin and Y. Chev-rier, *op. cit.*, p.575.

註三三： M. Bonnin and Y. Chevrier, *op. cit.,* p.582.

註三四： Ibid., pp.579-580.

註三五： Ibid., note16.

註三六： Ibid., p.580.

註三七： Ibid., p.581.

註三八：陳一諮，前揭書，頁 38,74。

註三九： M. Bonnin and Y. Chevrier, *op. cit.*, p.584.;康丹，＜中國知識份子眼中的西方＞，《中國論壇》，民國 80 年 7 月，31 卷第 10 期，頁 19.

註四十： Ibid., p.585-586. 陳奎德，前揭書，頁 86。王景倫，前揭書，頁 247。

註四一： Ibid., p.586.

註四二：王景倫，前揭書，頁 246。

註四三：同上，頁 245。佛洛姆，《逃避自由》，莫迺滇譯（臺北：：志文出版社，民 60 年）。

註四四：同註四二。

註四五：＜李一氓同志給蔡尚思教授的一封信＞，載《文匯報》1990 年 12 月 26 日。

註四六：司馬孺，＜馬克思主義和孔子教義—李一氓給蔡尚思的信讀後＞，《真理的追求》，北京，1991 年 3 月，頁 2。

註四七：同註四十五。

註四八：蘇曉康，＜當代中國的文化緊張＞，載陳奎德，前揭書，頁 23。

註四九：康丹，前揭文，頁 22。

註五十：楊小凱，〈評《河殤》代表的「新思潮」＞，陳奎德主編，前揭書，頁 170,172。

註五一：王景倫，前揭書，頁 247。

註五二： See Theodor Adorno and Max Horkheimer, *Dialectic of Enlightenment*, translated by John Cumming （ N.Y.: Heder and Herder,1972 ）.

註五三：＜跨世紀文化思考討論會綜述＞，《學習與探索》（哈爾濱），1992 年 5 月，頁 143。

註五四：顧忠華， ＜大陸知識份子發展過程中的角色與影響＞，《兩岸文化思想與社會發展學術研討會》，1994 年 5 月，XT 頁 8-9。

第4章

流行文化與
中國式社會主義

第一節　流行文化之復甦與中共當局的
　　　　關注

　　七〇年代末、八〇年代初，隨著「改革開放」步調的
擴大，中國大陸的人們已漸次掙脫了那種陰沉酷冷之革命
夢魘，但展望未來還兀自霧失樓台，月迷津渡之際，正在
此刻，一縷妙曼的歌聲，從海峽彼岸，突破了深鎖的重門，
飄進中國大陸，一夜之間響徹大江南北，這就是鄧麗君和
她的流行歌曲。而「老鄧不如小鄧」之類的說法亦不脛而
走，海內外爭相傳頌。

　　前述這種鄧麗君文化現象，對於瞭解四九年後中共歷
史之人而言可謂並非偶然。誠然文化大革命期間僅有的幾
項由官方定調，表現出殺氣騰騰，泯滅溫情的革命樣板戲

曲，固然倒盡胃口，早已令人生厭；但更在此前，官方激進的文化政策，就已使得任何還多少能夠反映人類性靈，反映人們個性的文藝戲曲普遭禁制，而與市場經濟相關之流行戲曲，流行文化自然更在禁絕之列。在「文（藝）化為政治服務」前題下，所標舉的「人民文學」、「人民藝術」，都是經過嚴格篩選而能反映集體意識卻獨缺個別生命的作品。而「鄧麗君文化現象」，正是這種長期文化禁錮下之性靈，一旦解諸纏縛後的自然反映，無足為怪。而自此以後，隨著改革大旗進一步的高舉，市場經濟進一步的繁興，中國大陸的流行文化也就雨後春筍般，普遍發展起來了。

流行文化的發展雖然沒有具體統計數字可茲說明，但可由與之密切相關之「文化市場」的空前興旺約略反映出來。按中共自己的說法，在八○年代以前，文化市場方面原本只有所謂的兩院（影院、劇院）三攤（書攤、報攤、民間賣藝攤）而已。但是進到九○年代，則有了戲劇性的轉變，短短十餘年，竟發展成涵蓋了演出、娛樂、音像、書報刊、電影、文物、文化、藝術培訓和中外文化交流等九種綜合性文化市場體系，（註一）不僅種類較諸過去繁多，且功能亦日趨複雜分化。

在具體流行之項目的屬性方面，西方國家的流行音樂、時裝款式、影視節目、廣告招貼、明星崇拜，固然大行其道，但更具影響力的似乎還是來自同文同種的台港兩地的流行文化。不僅「四大天王」的名號使青少年為之風靡，其他知名度稍遜，甚或已過時之港台影歌星及其作品

也都受到不同程度的歡迎與接納。其他方面譬如港台近年流行之啤酒屋、卡拉 OK、 KTV 在沿海開放地區乃至內陸觀光點亦皆普遍開設，其中尤其是卡拉 OK 形式的歌唱，甚且在某些較富庶地區之工人文化宮，也處處可見，而政府官員在宴客時亦往往以此種歌唱形式來自娛娛人。此外，台港目前流行或一度流行之武俠小說（如金庸之武俠小說）、通俗小說（如三毛、瓊瑤、高陽的小說）乃至連續劇（如「星星知我心」、「媽媽再愛我一次」）等也都曾經或目前仍然大行其道，風靡一時……。

尤有進者，在眾多流行文化風潮的衝擊下，中國大陸也逐漸發展出具有自身特色的流行文化來，這不僅表現在那些能反映自身問題，多少展現自身形式之創作者及其作品中，譬如崔健及黑豹樂隊、唐朝樂隊，電影如「老井」、「芙蓉鎮」、「黃土地」以及連續劇如「編輯部的故事」等，而且還表現在像周易熱、莊子熱、老子熱、命相占卜熱、禪宗熱、氣功熱、武俠小說熱、文化衫熱及毛澤東熱等這類週期性的社會文化熱潮中，後者不論在內容、形式上似乎都更具中國特色。

流行文化之本土化發展，固然意味著它不再只是一種純粹外來的現象，同時也意味著人們普遍有此文化需求，然則，正是這種趨勢，引起了中共當局的緊張和關注。之所以如此，關鍵自不在於他們是「俗文化」不夠高雅，事實上中共方面從不排斥甚且可謂極其重視「俗文化」之教化功能（詳後「群眾文化」論述條）。而對於許多研究中共之學者言，這是因為它作為次文化的「異質性」，它所

蘊含之多元價值、個體價值，對於那種僵化的只強調集體主義的官方意識形態，形成強烈的對比，甚且成為一種挑戰，具有「解構」主流文化的力量，並因而有助市民社會之掙脫黨國宰制。（註二）

當然，也正因為如此，中共主管單位對於流行文化，特別是港台流行文化總是予以嚴格審批，六四之後尤其如此。（註三）不過部分學者又指出，由於流行文化就其內容言，本質上多不具明顯的意識形態訴求，甚且往往是非政治性的，因而與其他文化類型相較，中共官方仍予以容忍。（註四）然則，以上的說法，仍然有些疑點需要澄清：

第一，既然流行文化凸顯個體自我強調多元價值，並因而挑戰了官方意識形態，官方就應嚴格限制，何以在嚴格審批之餘仍予以容忍，甚且還造成種種熱潮？其內容之意識形態訴求不明顯這種理由嫌薄弱。因應改革開放，以調適外來投資者旅遊觀光者之需求，顯然亦不是充分原因。而基於人民普遍需要，或許可以說明，但問題是此類普遍需要甚多，何以單單對此需要予以「容忍」？同時這種論點也忽略了大量從其他不同角度來給流行文化所作之辯護，這包括：提供「消遣娛樂」，具有潛移默化之教育功能，促進「社會效益與經濟效益統一」，「越來越貼近經濟改革的社會實踐」，（註五）提供「參與、競賽、表演、宣洩個人情感、釋放個人能量、展現個人才能」並增進「溝通感情」之機會，有助市場盈利，發展文化消費等等。（註六）從這些立場來看流行文化不再只是「容忍」的問題，而且在一定意義上還對共黨之統治有其助益而應

加以「提倡」，這就關聯到下一問題。

　　第二，「容忍」之界線問題：如果，流行文化在某種意義上對中共言有其利用價值，那麼在什麼範圍內中共不僅容忍而且提倡流行文化，在什麼範圍內則又嚴格限制甚且予以打擊呢？是其明顯違背官方意識形態時才致如此？這答案顯然不夠周延，因為正如前述，流行文化本質上不具政治性。抑或其一旦蘊含個人價值，多元價值就一律打壓？這無異是說所有流行文化都要打壓，因為流行文化之特質本來就在於此多元價值、個人價值。抑或其中仍有所取捨，亦即有些多元價值、個人價值的提倡是可以為官方所接受的。然則究竟是那一些？其分際何在？亦無交代。事實上，大陸學者方朝暉之區分「表層價值－深層價值」或可參考。依他的觀點，表層價值之多元化，應可接受，但對深層價值（指文化的長期發展在人們心靈深處留下的深層心理積澱，此積澱往往在人們日常生活中透過各種不同的行為規範、思維方式、習俗禮儀、價值觀念尤其在人們的道德意識和法律觀念上反映出來，形成社會的文化心理基礎）則不應接受；（註七）而在個人價值方面，特別是有助在經濟建設中去調動並開發個人積極性、多元化創造潛力的那些個人價值的追求，大陸官方似乎並不反對而且鼓勵，但對於那種強調個人優位凌駕集體之上的「個人主義」主張則堅決反對。（註八）然則表層、深層亦只是種原則性之區分，個人價值與個人主義的分別亦嫌抽象，其實際運作情形如何，仍需進一步的澄清。

　　第三，究竟所謂「官方意識形態」所指為何？如果仍

是像過去那樣是指一套總體性的觀念邏輯，一種獨石般鐵板一塊（ monolithic ），一言堂式的意識形態，那麼這種對意識形態的理解方式是否太機械化、太僵化了？是否統治之意識形態遠較我們想像更為豐富，更具彈性，且更具涵蓋性？畢竟，不同於「文革」時期，在對統治之意識形態霸權進行分析時，不宜只將焦點置於形式性之觀念體系，只在表面文字上作功夫，尚需聯繫其社會歷史脈絡（ context ）作理解，尤其應參照那些作用於吾人生活世界之種種流行價值體系，特別是其中那些起著共識作用的價值觀念。就此而言，流行文化之意識形態功能實不容忽視。換言之，前述「官方意識形態之一元化 vs.流行文化之多元化」以及「個體價值 vs.集體價值」這種二分式的對問題的提法可能並不貼切。

第四，如果說個人價值乃至個人認同之形塑並不必然與集體價值、集體認同截然對立，質言之，在此種新意識形態觀中，意識形態所倡導之集體價值（認同）就不必然那麼具強制性，以至個體性全然被抹煞。如是，進一步的問題是在意識形態之具體運作上，這兩方面又要如何作關聯呢？這又回過頭來牽涉到前述容忍分際如何判定的問題。

總括前述有待澄清之疑點，可綜述如下：流行文化並不必然就不能為官方意識形態服務，它的多元價值、個人價值取向亦不必然抵觸官方意識形態，特別是在後文革時期，去理解中共意識形態時，實不宜將流行文化意識形態功能排除在考量之外，如果情形確係如此，那麼當前中共

又是如何透過流行文化來維繫其意識形態領導權,而在其中,意識形態之集體認同(價值)和個體認同(價值)之平衡點又是如何取得的?進言之,純粹意識形態(pure ideology)與實踐意識形態(practical ideology)間又如何辯證地關聯呢?為了解答以上這些一連串的問題,我們實有必要對大陸流行文化之實際動態作一番探討。當然,我們探討之重點不在文化內容本身,而在於中共當局是如何透過某些常識世界視為當然的「共識」,來給流行文化定位、定性,如此,使得那些不為當局接受之價值、觀念也得以非強制性的被過濾,被重新界定,或至少是可合法地、正當地被排除、被限制,如此既有助保住集體認同,亦不明顯違背個體自我之價值選擇。為掌握此種「共識」,人們一般對流行文化之評論自受關注,尤其是那些受到當局點名之流行文化,其中一般論者共同預設之判準更是關鍵,以下是筆者擬以「文化衫現象」及「毛澤東文化熱」作為分析的起點。

第二節 「文化衫現象」與「毛澤東文化熱」

選擇此兩種文化熱作為分析之起點,有下列幾項考慮:

第一,本土興起之流行文化,更能顯其自主性,這不

僅涉及自我之價值取向、自我認同的形構，而且還可由輿論的一般評述中，掌握常識世界範圍內對個體自我之期許—關於集體之自我認同。

第二，它們都受到政治當局的特別關注。

第三，它們是人民大學書報資料中心於 1990 — 1995 年間，於大陸 2000 多種報刊雜誌中爲《文化研究》專題所選錄的文獻。其中專論「文化衫現象」及「毛熱」的文章各有兩篇，故以此四篇文章作爲研究起點，這種選樣應頗具代表性，其中論點亦應能相當程度地反映評判流行文化所依據之「共識」。

第四，論證不足之處尚可透過其他有關流行文化的評述，來加以補充。

一、文化衫現象

首先，我們來看看「文化衫現象」，所謂「文化衫現象」又稱「文化衫熱」，緣起於 1991 年初夏，曾任美術編輯的孔永謙，在轉變爲藝術家個體戶後，先後設計了 50 多種帶有幽默和反諷文字以及圖畫的圓領衫。他採用很廣的參照資料，靈感來源包括社會生活中的流行辭彙，北京土語，道家經典圖示，王塑、劉恆的小說，黨的宣傳語言等。（註九）由於頗能投合年青人心裡，價格又便宜（ 5 — 8 元人民幣），在北京之服飾文化市場受到熱烈歡迎，並引發了擴散效應，一時之間，種種印有「沒勁」、「煩著呢，別理我」、「活的好累」、「天生我材沒有用」、「想

當官沒心眼」乃至印有影歌星畫像、毛澤東像的這種短袖、寬鬆、肥大的文化衫滿街充斥，成爲年青人繼穿牛仔褲、跳霹靂舞、聽隨聲聽、唱卡拉 OK 後的新熱點（「玩文化衫」），甚至有人開始蒐集文化衫。這種現象使得中共當局大爲不安，而以各種明令公告並曾出動大批警力來整頓查禁，孔本人則以「擾亂市場經濟」的罪名遭受罰款。儘管如此，不少青年人面對取締卻表示：要趕緊去買，買不到就自己創造。（註十）

此地選出之兩篇相關評論文字，分別是郭棟之＜"〇"的文化：我看「文化衫」現象＞和北京市團委研究室佟麗鵑之＜「文化衫」現象透視＞。（註十一）前者較採同情瞭解的態度，作者郭棟強調文化衫既是一種文化現象，也反映青年追求理想不滿現實的心態。青年人在追求自我過程中，時常不免藉著突破社會成規來彰顯自我個性：「（他們）常常表現爲用非常的手段表達正常的追求，用放浪形骸表達內心的不滿」。文化衫現象亦不能免俗，「雖有一些反文化現象或『痞子文化』色彩，但畢竟新的讓你吃驚」，「青年文化總是生機勃勃，銳意創新，大膽追求」，「作爲一種審美表現，文化衫情感表露的最爲澄澈，沒有半點虛僞……極其真誠……。」儘管如此，「你千萬不要相信他們真的認可文化衫上的文字內容，這只是一種慨喟、一種獨語、一種自嘲、一種說不出來的意味」。他們只是透過「文化消費」的形式來實現個性自由，「消費一種文化」展現自己的價值觀。「文化衫是通俗歌曲的綜合效應，是服飾『卡拉 OK 』，這裡突出了選擇的自由，誰都可以選

擇適於個人心態的主題」。不過，郭棟也批判了那些穿著印有廣告商標之文化衫的青年是盲從、沒個性。這種批判，忽略了消費者挪用文本的能力，因此，作者雖肯認了自我價值但卻不免有些精英主義立場，但這尚不是重點，重要關鍵在於其中所凸顯的這種立場：他對流行文化背後，可能之市場經濟邏輯總是有警覺有憂慮的，儘管說法上較有保留。在另方面，他對中央電視台藉著抗洪救災節目之演出，使得天津針織總廠庫存之「風雨同舟」文化衫被各單位搶購一空的現象，大為贊揚，這不僅在推崇集體的價值，還很吊詭地隱含了某種對文化市場的肯認：可以讓它上市之文化產品，就讓他上市。

佟麗鵑的觀點顯然較嚴苛，雖然她承認目前男性服飾不夠個性化，以及文化衫具有排泄不滿情緒之功能，但仍堅持批判那些寫著「拉家帶口」「煩著呢，別理我」的這類文字是「情緒化文字」，是「消極頹廢思想」，同時她還指出其中所反映的青年心態是「非理性心態」、「求新，卻又不會選擇的心態」以及「一種淺層次的社會流行病」。依她的主張，「文化衫」應反映社會主流文化而不應反映「反文化」，應符合社會主義社會生活的需要，以導正青年的生活消費，因此要加強管理服裝市場和服裝消費的導引，換言之，對經濟機制本身應有一定的政治警覺。

要言之，兩篇對文化衫的評述，一篇較強調尊重市場之經濟理路，強調消費文化與個性之自我實現的關聯。另一方面則偏重政治覺悟、社會主義精神文明以及對文化市場、文化消費之管制與引導。不過，我們也注意到這兩種

矛盾對立的立場並非截然可以劃分開的，而是同時存在兩篇評述自身的判準中，換言之，其各自評判之標準中早已蘊含此對立元而形成了一種內在的緊張關係，雖然如此，由於各自之偏重點不同，組合不同，才在立論方向上顯示了位差。同樣的情形亦可在關於「毛澤東熱」的兩篇評述中被觀察到：一篇是對北京舞蹈學院史論系教師陳可的訪問稿＜關於「毛澤東文化熱」的對話＞；另一篇是李向平的＜毛澤東熱：當代中國文化之迷＞。（註十二）

二、毛澤東文化熱

我們都知道，八〇年代後期及九〇年代初掀起之「毛澤東文化熱」是一種多層面、包蘊內涵甚廣之文化現象，在民間毛像被認為可以消災避邪、沖喜、鎮堂，毛像出現在以往供奉神佛、供養祖宗的位置，毛像取代了門神、灶神、財神，也成為駕駛人喜愛之平安符咒，民間甚且還建立了毛澤東廟；在流行音樂界，一盒盒歌頌毛澤東的「金曲」走紅傳唱；在知識界、出版界、一批批關於毛的書籍，關於《少年毛澤東》、《咱們的領袖毛澤東》等這類影視作品和學術藝術作品，亦陸續發行問市造成高潮。

對於這種「毛澤東熱」現象，首先，就陳可的觀點而論，他認為基本上是社會文化潮之「周期震盪現象」，是各種流行熱，如先前之周易熱、老莊熱中較大的一種類型。而其發生的原因不外乎懷舊感、人格力量和未來感三個因素。所謂懷舊感，是指對過去那種大鍋飯、終身制、

平均主義這種「超常穩定」之社會的懷念。那個時代人心素樸單純、統一意志、物價平穩，與今日恰相對照，這種並非真想回到過去的有「審美距離」有「安全感」的鄉愁，自然不切實際，但卻可以用來批判現實。其次，所謂「人格力量」，即是指以毛作為樣板、作為典型人格，以茲認同，作為個體人格發展之參考。其三，所謂「未來感」，是指希望在毛身上找到一種未來感，以應付社會轉型期中所面臨的種種認知錯誤和困惑，期待毛及其時代之「單一意志型特點……可以使當前複雜的社會價值取向簡單一些」，這多少也表示了未來社會作為「明星社會」的期待。

前述這種懷舊感、人格力量以及未來感乃是當前社會集體意識的一種反映，透過「毛熱」表現出來。陳可認為，這種心態基本上還是「比較健康的、積極的」，但支持「毛熱」的另一要素則是「低層次」的「原始的、樸素的帶有濃厚神秘色彩的東西」。陳可這裡指的是民間宗教和習俗，他強調這類神秘主義意識思想以及「造神運動」，乃是支撐中國流行大眾文化之基本架構。換言之，面對社會急劇變遷所造成之自我挫折、緊張焦慮以及對未來之不確定感，在當前周期內，最後都透過「毛熱」，透過對毛之典型人格這種集體自我的認同來排解渲洩，其中，特別是對民間而言，更是直接透過對毛之神化來消解。

對於「毛熱」尤其是其中不健康之神秘主義思想和作為，陳可認為不可採過去「思想政治教育」的方式，即所謂「振典型、樹榜樣」這種「從點到面」、從「上到下」之文宣和組織動員的方法，或則一味圍追堵截而不疏導，

或則「一窩蜂」而不冷靜分析。依他之見，今天社會各層面中之「個體和群體的自主性大大地增強」，「各階層的各種自覺意志是均衡地分佈」，流行文化正是順勢而生，如是在這種「價值取向呈全方位的現代社會」中，不能再沿用老方法，反之應將這種澎湃之文化潮看成是群體心態情緒和思想意識之宣洩閥門發揮其「閥門效應」，其方式：一方面正向定位來發揮此「閥門效應」，另方面則透過高水平之專欄作家和專家學者，對之不斷地分析、理性討論，如此不斷有更高水平的參與者加入，使文化潮之層次得以逐次提高昇華、淨化，甚且可以成為引導全國乃至世界性之高品味文化流向。

從陳可所提的對治辦法中，我們可以清楚的看出，隱含了一種對文化市場之經濟邏輯給予充份尊重的呼籲，透過更高更具份量且更能為當局所接受之作品的投入，透過文化市場之競爭，來提昇消費者的品味，來淨化流行熱潮所帶來的種種問題。這裡甚且還蘊含了一種「意見自由市場」的論點。然則，另一方面，儘管他質疑思想政治工作之方法過時了，但對這種威權的、監護式、訓導式的文化監控機制本身並未質疑：其次，不論懷舊式，人格力量或未來之召喚這三項中那一項因素，陳可的分析都在強調，面對社會轉型人們之焦慮不安可以藉著「毛熱」來加以疏導。很顯然，進一步的分析就應關聯到威權性人格之「逃避自由」的特徵，亦即面對自由開放社會之要求「自我負責」而深感焦慮不安，並試圖卸脫此一責任的集體心靈、集體病徵。（註十三）但作者卻似乎有意無意的避開了此

種論析方式，轉而強調毛之「人格力量的偉大」，強調「毛澤東和毛時代本身所遺傳的主幹因素是向上的、有力的和偉大的」。雖然如此，作者對毛及其時代之錯誤仍然有所指出，較諸李向平的分析，其「政治」考量，顯然又淡化了許多。

依李向平的觀點，「毛熱」雖然亦關聯到文化市場之推波助瀾，但基本上則是一種社會文化，同時也是社會心理層面的需求所形構。在普遍面臨「價值失落、價值迷惘的今天」，在一個有「聖賢崇拜」傳統的社會，人們回到作為「中國人的精神父親」毛澤東那兒尋找精神支柱，是「再自然不過的事情」。又鑒於「毛澤東乃是中國文化智慧的集大成者，能真正理解毛澤東也當能把握住了中國文化的某些精微」，所以，「毛熱」真正的本質性方面，還在於它是一股欲「重建中國價值信念的隱蔽型文化思潮」：亦即「對聖賢人格的回歸、英雄浪漫主義的追懷以及普羅米修斯式偉人的呼喚，希望藉此而使那些卑微弱小的靈魂獲得一次精神性的超生」。換言之，它不僅是對毛及其時代的「尋找」、「發現」或「憶舊」、「撫慰」，同時還是「時代自我形象的追求」以及「對外在世界減少了信念和依賴」；李向平還強調「毛熱」不似氣功熱、周易熱，不會有「神秘主義」之副作用。

很顯然，李向平的分析，簡直就是一篇歌功頌德的文字，一種文革式「政治掛帥」的立論，唯一可謂有別之處，就是他至少還承認了「毛熱」的掀起不是單憑毛之偉大感召力和人民需要，至少還有些市場效應的因素。與之對

照，陳可對毛之「偉大人格力量」的肯定要保留多了。話雖然如此說，他們同時也是大陸一般論「毛熱」者都很難避免的一項共同缺失，即都無法正面肯認「本質上毛熱是封閉社會及政治制度的產品」。（註十四）也就是說，不論所涉情節輕重如何，現實政治之考量都是對「毛熱」此流行文化現象作評論時所不得不顧及的，雖然，在此同時，對文化市場及其經濟邏輯亦有不同程度的重視，甚且，一種「意見自由市場」的觀點也可以被納入。

　　總括前述論「文化衫」現象及此地論「毛熱」的解析，我們得出了以下值得注意的共同特徵：對流行文化進行評估時，大陸學者們所依恃的判準，既涉及政治、政治覺悟以及社會主義精神文明的要素；同時也涉及了文化市場化、消費文化的要素。而當我們去對這些共同特徵作進一步探討時，我們將會得到下述具有共識性質的五種論述和兩重邏輯，此五種論述兩重邏輯正是我們正在找尋的，使得流行文化能執行政治意識形態功能並得保住自我認同的關鍵，為了掌握此關鍵作用的運作機制，我們有必要先對所謂五種論述兩重邏輯作一番探討。

第三節　「文化（藝）為政治服務」、「群眾文化」、以及「反資產階級自由化」論述

　　所謂五種論述，乃是指「文化（藝）為政治服務」、「群眾文化」、「反資產階級自由化」、「文化市場」、

和「消費文化」等五種論述，此五種論述就其性質不同又可分為：（1）從不同角度去凸顯政治邏輯的前三種論述，以及（2）從不同角度去凸顯經濟邏輯的後兩種論述。此地擬先說明前三種論述。

在前一節的分析中，我們顯示在幾篇有關流行文化的評述中都包含有政治、政治覺悟以及社會主義精神文明這些要素，作為評判的依據。這些要素之存在於文化評論的判準中，首先告示吾人的即它預設了「文化（藝）為政治服務」的論述。其次，鑒於此地所論的是屬於「俗文化」層次，因此它又關聯到中共當局給「俗文化」定位的所謂「群眾文化論述」。再其次，對於流行文化本源來自西方資本主義國家，因此，它也關聯到一種抵制西方腐朽思想，維護社會主義精神文明的「反資產階級自由化」論述。以下，我們將陸續說明此種論述的內涵，並列舉相關之流行文化評論佐證之。

一、「文化（藝）為政治服務」論述

首先，所謂「文化（藝）為政治服務」的論述，主要觀念及思想形式源自於毛＜在延安文藝座談會上的講話＞，其中最緊要的一段話是這樣說的。

> 「在現在世界上，一切文化或文學藝術都是屬於一定階級的，屬於一定政治路線的……無產階級的文學藝術是無產階級整個革命事業的一部分……黨的文藝工作……

是服從黨在一定革命時期內所規定的革命任務的。」（註
十五）

　　文化、文藝既然都要從屬於階級政治並為之服務，那
麼，作為無產階級的文化、文藝工作者的立場就很重要，
因此毛又強調要「站在無產階級和人民大眾的立場」，「為
千千萬萬勞動人民服務」，為「工農兵及其幹部」服務，
而歸根結底，則是要「站在黨的立場，站在黨性和黨的政
策的立場」，為黨機器服務，使之作為「團結人民、教育
人民、打擊敵人、消滅敵人的有力武器」。進言之，要如
何去提供這種政治服務呢？毛則祭出了「群眾路線」的大
旗，強調作品應以普及為首要的考量，在「普及基礎上提
高」，以給那些不識字、無文化的群眾「一個普遍的啓蒙
運動」，以得到「他們所急需的和容易接受的文化知識和
文藝作品」，俾有助「提高他們的戰鬥熱情和勝利信心」。
至於，那些符合精英品味的高級文藝作品亦不否認其價
值，但那是在為幹部教育、「間接為群眾所需要的提高」
之名義下，才被承認的。（註十六）當然，此種文化為政
治服務的立場，並非就不顧藝術標準了，事實上毛仍強調
二者的統一，只是其中政治具有優先性。（註十七）

　　晚近，這種「文化為政治服務」的論述仍體現在鄧小
平的講話中。 1983 年，他在講＜黨在組織戰線上和思想
戰線上的迫切任務＞時，強調：「思想戰線上的戰士，都
應當是人類靈魂工程師……應當高舉馬克思主義的、社會
主義的旗幟，用自己的文字、作品、教學、演講、表演、

教育和引導人民……堅信社會主義和黨的領導，鼓舞人民奮發、努力……爲偉大壯麗的社會主義現代化建設事業而英勇奮鬥。」（註十八）對於由資本主義發達國家輸入的「屬於文化領域的東西，一定要用馬克思主義對它們的思想內容和表現方法進行分析、鑑別和批判。」（註十九）

林克(Perry Link)曾觀察到，即使在後毛澤東時代，中共文藝界之異議份子較諸後史達林時代蘇聯之異議份子遠不能相比，前者之批判對於後者言，只能稱得上是「體制內的批判（"in-house" critics）」，（註二十）而事實上作家們往往透過其評論，加強了與政治權威的關聯。林克認爲之所以如此，可能的原因有二：

1. 蘇聯在列寧、托洛斯基掌權的前 13 年（ 1932 年前），文藝氣氛較自由。而中國大陸則一開始就接受了史達林作家是「靈魂工程師」的觀念，而未經歷過前述較涵孕自由氣氛的「前極權主義」時期。
2. 中國官學兩棲的傳統，一直假定了文藝、道德、政治三者的親和關係，使得蘇聯那種作家和官方公然決裂的情況不易出現，這種現象不論稱它爲「文藝的政治化」或「政治的文藝化」都代表了一種參與高層政治鬥爭，支持特定政治人物，提供政治批評的功能。（註二一）

不論原因究竟如何，林克的評論，至少顯示了「文化爲政治服務」的觀念和想法，並不只是一種過時的口號或

官樣文章，而是落實在現實社會中且普遍為人們（特別是文化界人士）視為當然的一套觀念或思考模式，但我們也得承認，後毛時期「文化為政治服務」的意義已有相當程度的改變，這由底下鄧小平的這段話可以顯示出來。在1980年他講＜目前的形勢和任務＞時指出：

> 「我們堅持雙百方針和『三不主義』，不繼續提文藝從屬於政治這樣的口號，因這口號容易成為對文藝橫加干涉的理論依據，長期的實踐證明，它對文藝的實踐利少害多。但是，這當然不是說文藝可以脫離政治的，任何進步的、革命的文藝工作者，都不能不考慮作品的社會影響，不能不考慮人民的利益、黨的利益。」（註二二）

二、「群眾文化」論述

所謂「群眾文化」，依據大陸學者段爾煜的觀點應界定為：「人民群眾在社會主義道德、法規自律的前題下，以陶冶情操發展完善自我，促進兩個文明建設為目地，以滿足自身精神生活和求知願望為主要內容，自我進行的豐富多彩的文化活動」。（註二三）

從這段文字看來，它與我們一般對民俗文化以及流行大眾文化的界定似乎頗有不同之處。一方面，他強調群眾文化的主體是人民群眾，其進行方式是自我進行的（而非譬如「商業導向的」），它是要滿足自我精神需要和對知識的追求；但另一方面，它凸顯了社會主義道德的規範作

用以及服務當前「社會主義初級階段」兩個文明建設的目的。換言之，群眾文化主要有別於民俗文化以及流行大眾文化之點，是它凸出了階級性，凸出了對種種有違現階段社會主義發展的（包括封建及資產階級社會之）不健康、腐敗的功利思想的批判。（註二四）

如此，「群眾文化」論述乃是一種涉及了階級鬥爭、權力鬥爭、思想政治教育以及對群眾之教化的文化論述，它很顯然與前述「文化爲政治服務」的論點有邏輯上的關聯；就其理論根源言，也似乎可追溯到毛＜在延安文藝座談會上的講話＞中，給群眾普遍啓蒙，以灌輸黨之意識形態這部分的文字，而事實上此種文化論述的歷史的確也可追溯到延安時期。

據皮特森（Glen Peterson）指出，在延安時期，中共雖曾進行識字教育，但限於各種條件，只施用於紅軍，以至農村工作動員則仰賴多種媒體的運用，其中視覺和口傳的使用媒體遠勝過需要具備識字能力之文字媒體。因此早在大傳技術廣爲傳佈前，中共就已發展出一套非文字的（non-literate）動員群眾的手段。其中諸如畫報、漫畫、革命歌曲、農民舞蹈等來自蘇聯紅軍，但牆報、木板印刷（woodblock prints）、民歌、民間戲曲則是來自中國本土之群眾文化。戲劇尤其重要，畢竟是民間戲劇而非書本文字，給人民大眾傳播了大部分的文化模式和價值觀念。（註二五）皮特森也指出，毛本人亦對此種路線堅定支持。無論何時，當他對形式性之學習加以攻擊時，他總是從這種非書本式的學習方式及較大之動員力

的觀點著眼。（註二六）

　　前述這段歷史也給吾人啓示，「群眾文化」論述之區別於「文化為政治服務」論述就在於：前者所關切的重點，是對教育水平低之一般群眾所採取的這種不倚恃書本文字形式的教育方式及其發展之動員能力；而後者則偏重於「人類靈魂工程師」應守住階級政治路線這方面。也因此，側重於從「群眾文化」論述立場來對流行文化進行批判時，也往往著重於群眾文化陣地的被佔領，群眾思想道德被污染的問題，例如：

　　　　「一段時間內在商品經濟和西方文化的衝擊下，拜金主義等腐朽墮落的風氣趁機鑽入群眾文化陣地，污染了群眾文化殿堂……要加強群眾文化之理論指導及管理……把思想政治教育寓於豐富多彩，群眾喜聞樂見的活動中，潛移默化地使群眾受到薰陶和教育。」（註二七）

　　　　「市場文化正逐漸吞食著原屬福利型的群眾文化地盤，隨著農村文化市場的拓展，市場文化將覆蓋和滲透大部分群眾文化活動。」(註二八)

　　　　「目前在大陸泛濫的主要是商業性的港台文化……正潛移默化地改變著大眾的思維方式、生活情趣和審美方式，對青少年一代，尤其如此。人們難以想像，在港台流行歌曲和小說的纏綿悱惻、傷感哀婉的氣氛中泡大的一代，在商業文化的日日包圍中，他們將怎樣塑造自己的性

格，又將怎樣面對現實人生?」（註二九）

　　「…把廣大農村鄉鎮建成……向九億農民宣傳馬列主義，毛澤東思想和傳播科學文化知識的文化園地，抵制封建主義、資本主義腐朽思想文化、反對和平演變的文化陣地」。（註三十）

　　後面這段評論文字，已涉及到另一論述：「反資產階級自由化」論述。

三、「反資產階級自由化」論述

　　所謂「反資產階級自由化」，依中共自己的說法，與堅持四項基本原則關聯，是十一屆三中全會實施改革開放政策以來，中共中央特別是鄧小平所一貫堅持、反覆強調的思想。（註三一）

　　早在 1979 年三月，鄧在中共理論工作務虛會議上講＜堅持四項基本原則＞時就曾提出警告，要注意林彪、四人幫流毒和這些資產階級自由化思潮結合的可能，（註三二）隨後的兩年中，他又分別提到「必須堅持肅清由『四人幫』帶到黨內來的無政府主義思潮以及在黨內出現的形形色色的資產階級自由主義思潮」（註三三）以及批判「（某些人）有許多話大大超過了 1957 年的一些反社會主義言論的錯誤程度……一句話，就是要脫離社會主義軌道，脫離黨的領導，搞資產階級自由化」。他也由此角度對白樺

之《苦戀》及其衍生著作電影《太陽和人》提出批判。(註三四)此外,在 1985 年 5 月 6 日<論資產階級自由化就是資本主義道路>中,他又再次提到「中國在粉碎『四人幫』以後出現一種思潮,叫資產階級自由化,崇拜西方資本主義國家的『民主』、『自由』,否定社會主義,這不行。(註三五)並對此思潮中所宣稱之「人權」提出質疑:「是少數人的人權,還是多數人的人權?西方世界所謂的人權和我們講的人權,本質上是兩回事,觀點不同」。(註三六)

鄧小平又將批判此種思潮與「清除精神污染」連在一起, 1983 年,十二屆三中全會上,講<黨在組織戰線上和思想戰線上的迫切任務>時指出:「一些人……用他們不健康的思想、不健康的作品,來污染人們的靈魂,精神污染的實質是散佈形形色色的資產階級和其他剝削階級腐朽墮落的思想」(註三七),「他們都熱心寫陰暗的、灰色的、以至胡亂編造的歪曲革命歷史和現實的東西……鼓吹西方所謂『現代派思潮』……宣揚文學藝術的最高目的就是『表現自我』或者宣揚抽象的人性論……人道主義……社會主義條件下人的異化……個別作品還宣傳色情……『一切向錢看』的歪風,在文藝界也傳播開來……不少人竟用一些庸俗低級的內容和形式去撈錢……迎合一部分觀眾的低級趣味……『一切向錢看』、把精神產品商品化的傾向,在精神生產的其他方面也有表現……」。(註三八)

鄧小平進一步指出,這結果造成對西方「一窩蜂的盲

目推崇」，這種盲目崇洋媚外的心理「以至連一些在西方世界也認為低級庸俗或有害的書籍、電影、音樂、舞蹈以及錄像、錄音，這幾年也輸入不少。這種用西方資產階級沒落文化來腐蝕青年的狀況，再也不能容忍了」，「精神污染危害很大，足以禍國殃民，它在人民中混淆是非界限、造成消極渙散、離心離德的情緒，腐蝕人們的靈魂和意志，助長形形色色的個人主義思想泛濫，助長一部分人當中懷疑以至否定社會主義和黨的領導的思潮」。（註三九）

以上的摘錄顯示，就鄧小平自己的言論而言，「反資產階級自由化」和「清除精神污染」兩種論述在邏輯上是密切關聯的。鑒於「反資產階級自由化」就其本意言，是針對引進西方思潮中那些鼓吹「自由」、「民主」、「人權」思潮的批評，而這種觀念通常不會直接體現在流行文化中，因此，此地所謂作為流行文化判準之一的「反資產階級自由化」論述，主要意指它所延伸之邏輯—「清除精神污染」，當然我們亦應注意，精神污染尚可包含某些前資本主義、封建主義的文化要素，不過這亦可視為自由主義、個人主義泛濫的後果，也就是說，仍要關聯到「資產階級自由化」。

其次，就鄧小平對盲目崇拜西方流行文化所提出的批判；再連接上前述他對盲目崇拜西方資本主義國家「民主」、「自由」、「人權」的批判，就顯示「反資產階級自由化」論述亦邏輯的蘊含了一種官方一再強調之「反全盤西化」的民族主義的題旨。

資產階級自由化思潮的泛濫，對中共而言，不僅會造成精神污染，也還會肇至「和平演變」，據中共自己的說法，「資產階級自由化」源出於 50 年代中期美國國務卿杜勒斯的一次國策聲明，其中強調美國的政策旨在促進蘇聯、東歐和中國大陸之自由化，鑒於共黨認為所謂自由化，實即資本主義或自由主義化，故又稱作為「資產階級自由化」。（註四十）既然其源起不免關聯到對社會主義政權的量變，故在「六四」後，再次面臨西方抵制之際，此種論述就自然關聯到「和平演變」之論述。（註四一）

不過，如果吾人繼續追根究底，則單就文化此一側面看，資產階級自由化之根源還可追溯到＜在延安文藝座談會上的講話＞，其中，亦批判了超階級的「人性論」、「人類之愛」的觀點，認為這是資產階級的立場，而站在馬克思主義立場之作家應設法去「破壞那些封建的、資產階級的、小資產階級的、自由主義的、個人主義的、虛無主義的、為藝術而藝術的、貴族式的、頹廢的、悲觀的以及其他種種非人民大眾、非無產階級的創作情緒。」（註四二）由此可見，「反資產階級自由化」論述在一定意義上，亦可視為是從反面去延伸「文化為政治服務」的理路。

綜合前述論點，我們可將「反資產階級自由化」論述概括如下：它源出於美國國務卿杜勒斯要使社會主義陣營自由化的政策聲明。而在當前則指中國大陸自改革開放以來，社會所存在的反「四堅持」的風潮，這種「資產階級自由化思潮」極力宣揚鼓吹追求資產階級的自由，要把資產階級的民主制度、議會制、兩院制、競選制，資產階級

的言論、集會、出版、結社自由，資產階級的個人主義和一定範圍的無政府主義，資產階級的金錢崇拜、唯利是圖的思想和行為，資產階級的生活方式、低級趣味，資產階級的道德標準和藝術標準等，全部引進或滲透到中國大陸之政治、經濟、社會和文化生活中。簡言之，即「全盤西化」，從原則上否認、反對和破壞中共之社會主義事業，認為馬克思主義過時了，否定社會主義制度，反對共黨領導、破壞安定團結，終而為西方資本主義國家之「和平演變」陰謀鋪路。

以下所引是另一則基於此論述所作之流行文化評論：

> 「於是一個時期以來，各式歌廳舞廳遍地開花、各種演唱走穴紛杳而來，各路明星偶像摩肩接踵，然後就是街頭俯拾即是的書攤、通俗讀物。一些人還嫌不過『癮』，乾脆封建的、色情的、兇殺的、腐敗的東西一起上，結果造成精神萎靡、意志衰退、信念喪失，導致個人主義、拜金主義、享樂主義文化的逍遙橫行。」（註四三）

四、小結

在對流行文化進行討論時，往往蘊含了某些政治要素作為評論之依據，這些要素經過我們進一步的解析、探討、闡釋，結果顯示了三種可能的論述—「文化為政治服務」、「群眾文化」及「反資產階級自由化」論述，它們

處在一種彼此有聯繫，但又彼此相互競爭的關係中。亦即在所依據之判準中、當政治之邏輯被爰引時，依所論對象性質之不同，三種論述的那一種論述被凸顯就有不同，但這並不意味著其他論述就會全然地被排除，而可以是以其中一種爲主軸來關聯其他兩種暫時屬於次要地位的論述。正是這種可不斷變化的種種新組合，才使得人們依既定政治成素去進行評斷時富於彈性，既能考慮到評論對象之特殊性；亦能兼顧評論時之具體社會、歷史處境。

第四節 「文化市場」論述與「消費文化」論述

前節所提三種政治論述，爲流行文化之批判提供了依據，但此類論述在改革開放的今日頗有其限制，正如前引鄧小平講話，他之所以不再提「文藝從屬政治」口號，是爲了避免實踐上的過度「橫加干涉」。那麼在現實中又有那些論述可用來平衡此種政治邏輯呢？這就關聯到我們已提到過的「文化市場」以及「消費文化」論述。

一、「文化市場」論述

「文化市場」論述強調文化和市場的結合，「把大眾文化活動與經濟貿易活動聯繫起來」形成文化市場，提供種種「用形象思維來表達外部世界的精神產品」。（註四

四）

　　這種論述認爲過去由於對馬克思、恩格斯關於社會主義不存在商品生產的設想作了教條主義的理解，結果誤以爲只有少數消費品才是商品，而現在則認識到「在我國社會主義初級階級，有相當一部分文化產品都要以商品形式進行流通，那就應當使凡是具有商品屬性的文化產品都進入市場」。（註四五）

　　文化市場之提倡者認爲，文化市場在當前之存在和發展，所以具有合理性和現實性有幾項原因：（1）它是物化勞動有交換價值。（2）人民群眾對健康向上的精神生活的需求，在許多情況下可以轉化爲市場需求。（3）現有國力難以完全承擔文化藝術事業所需經濟投入，文化市場則有助增加新的資源，減輕國家負擔。（註四六）

　　進言之，此種論述又認爲，在市場經濟條件下，文化工作者進入市場是唯一的選擇。只有進入市場，實行政治「斷奶」，也就是說，文化不再只是從屬於政治，才能破釜沉舟，下決心實現其「自我價值」，激發其生存活力。（註四七）這種作法也合乎歷史唯物論的原理———經濟基礎決定上層建築，只有將文化推向市場，才能適應市場經濟發展。（註四八）更何況，當前面臨市場經濟挑戰的又何止文化，經濟、政治也都一樣，在社會主義現代化之轉型過程中所產生的陣痛、困惑、危機感、邊緣感、失落感不會比文化人更輕。（註四九）因此文化也只有在面對市場之衝擊下自求改革，自求生存和發展，在經濟、政治、文化三位一體的矛盾衝突中，才能建立其自主機制；否

則，就會演變成一種「被政治經濟壓抑的集體無意識，時時冒出來作一場擺脫一切壓抑而獨立自主的夢」。（註五十）

前述這種「文化市場」論述是相對於一種「文化自救」或「文化危機」的論點而言。所以強調「危機」、強調「自救」，是因為社會主義現代化，以經建為中心，文化實行政治「斷奶」，被拋入市場尋求自力更生，如此文化市場化，造成文化生產部門資金嚴重短缺，人才流失，文化生產結構、消費結構扭曲，發展性文化日趨萎縮，黃色有害毒品迅速蔓延，拜金主義泛濫，引起文化界普遍的失落感、危機感，而頻頻發出自救呼聲，辯稱文化雖經常與政治抵觸而對政治不滿，但文化從來就需要依傍政治而與政治共存共榮。（註五一）

論者以為，文化和市場本質上是對立的。文化概念基本內涵著眼於人的求真向上愛美的素質，人格個性的培養塑造、提高發展，簡言之，著眼於人的自由而全面的發展。可以成為買賣對象的不是文化本身，而是其物化載體和物化形式。在市場經濟條件下，文化產品雖有商品屬性，但決不意味文化和經濟的不同本質可以等同起來，把市場價值規律當成文化繁榮的推動力。文化價值所反應的是文化與人、與社會的關係；是人們先前的認識和實踐成果與後來之認識和實踐活動的關係；而不是一種純粹現實功利之市場關係。尤有進者，文化作品中還包孕著文化創作者及其作品中的崇高理想、獻身精神、非功利追求這些可「衣澤後人」的東西。一旦商品化後，這些都將為交換價值的

尺度所淹沒，甚至文化生產者也變成了賺錢工具。（註五二）

批評「文化市場」論述是將文化市場化，將「文化本質等同經濟本質」，這都不免有誇大之嫌，但多少反映了文化被迫政治「斷奶」而去面對市場後，在調適上的困難以及過渡時期的種種弊病。這似乎才是後者強調文化要依賴政治、要與政治共存共榮的真正原因。也正是基於這種考量，筆者才認為儘管「文化自救」論中不斷強調文化之自主的邏輯，但終究無法將之視之為是一種「文化自主性」的論述，仍應視之為是「文化為政治服務」論述的一種體現或延伸。此外，相關之考量還包括：

1. 從＜在延安文藝座談會上的講話＞開始，中共文化理論中，根本就不承認有諸如超階級之人性、為藝術而藝術這類有關文藝自主的論點。
2. 鄧小平自己也特別批判了諸如「文學藝術的最高目的就是表現自我」、「抽象人性論」一類的論點。（註五三）
3. 在流行文化此一層面，一般傾向「娛樂為主，盈利導向」，文化邏輯之獨立性本來即不易凸顯，即或有亦不免依附前述政治或經濟邏輯，難以形成有力量之獨立論述。

這種究其實際是基於「文化為政治服務」論述的批判，它對文化市場中之流行文化的評論可參見以下例示：

「通俗文化的發展,絕不能離開政治——人民的利益、國家的利益、黨的利益,培養社會主義新人,絕不能完全靠市場機制來調節文化的發展,而必須有一宏觀的監督⋯⋯文化作為意識形態、作為上層建築⋯⋯要為一定經濟基礎,為一定形態的社會服務的。」(註五四)

「文化的產業化、市場化並不能完全解決文化水準的提升和文化趣味的正常化問題,尤其在文化轉型期,更需要有一種對文化的評估、影響和監控的機制和方式,這就要引導,思想文化工作者作為人類靈魂的工程師,應當高舉馬克思主義的、社會主義的旗幟⋯⋯⋯要熱情謳歌時代主題和人民群眾的創業精神⋯⋯對那些不健康的精神產品和文化垃圾要透過加強管理、嚴懲、法紀而加以堅決抵制。」(註五五)

很明顯這裡看不到文化自身的理路,雖然部分承認市場機制的作用,但終究是屈從於「黨的利益」、「作為人類靈魂工程師」等這類政治邏輯。而從另方面,一種從「文化市場」論述出發的批判則往往強調「文化產業能唱大戲」,譬如:

「童話作家鄭淵潔,在其作品中創造出皮皮魯和魯西西等西方童話人物形象之後,他開發了一家兒童用品開發公司,利用皮皮魯、魯西西作為商品商標,產品銷路極佳⋯⋯市場機制的深化,賦予文化行為一定的商品特性,從書刊、音像、演出⋯⋯民間的文化資源,乃至一個文藝的作品形象、文化意念的利用,成功的為我們展示了一個文化經營的廣闊空間。」(註五六)

「在珠江三角洲的城鎮和深圳市，文化事業的興辦已跳出了文化主管部門而走向社會，各行各業、各種團體和行政社區、街道興起文化事業的熱潮。這些文化事業包括文化活動和文化基礎設施……既宣揚了企業精神，樹立了企業形象，又豐富了群眾的文化生活……為群眾提供了展現自我才能與群眾同樂的機會與場合，還改善了投資環境，吸引了許多外商前來投資。」（註五七）

透過鼓勵創造流行，深入群眾文化生活，一方面發展經濟，同時也給人民大眾提供了自我娛樂和學習、教育的形式，這是文化市場論述的要義。而強調通過文化市場來娛樂並發展自我，則又關聯到「消費文化」論述。

二、「消費文化」論述

消費文化是指從「消遣娛樂」，或說是「從商品形式向人們提供服務」這一方面，來對流行大眾文化或市場文化作理解。美國學者海們即主張，大眾藝術的任務是「鬆弛疲勞的腦子，安撫一切疑慮」。（註五八）另一位美國學者傑克森·默爾則進一步指出：消費文化有助城市人，在他們失去朝夕相處之鄉土而產生鄉愁，變得漂泊不定、孤苦無依、陌生乏味時，得以享受城市文明之歡樂，並得在其中表達自我、實現自我。（註五九）

很顯然，文化的大眾化是一個關鍵，因為唯其如此，文化才能告別傳統、告別文化傳達永恆專一的理念，使之

來迎合大眾之日常消費。又鑒於消費是人類生命需要的體驗，消費文化之出現即意味著文化正在走入人類個體的消費活動中，而現代生活中亦日益出現了所謂的「閒暇時間」，為文化消費提供了保證。（註六十）透過閒暇時間、透過文化消費，人們不僅精神上得到撫慰，自我亦得以發展。然則，如果我們從資本主義社會商品生產之邏輯來看，或許會有更深一層的體認。因為「閒暇」的意義是相對的，它事實上是針對工作而言，即利用更多的閒暇時間來開發、強化人們的潛在素質，以提高工作質量。因此，當一個人利用休假去旅遊，利用晚間的時間去看電影、去夜總會，他實際上是在採取更高策略的工作形式。（註六一）如是，休閒既是為了工作，為了提高生產力，那麼終究言之消費也是為了生產，消費文化所體現的理路，究其實際是一種資本主義社會之市場競爭倫理的體現。

如是，「消費文化」論述所涵蘊的邏輯，正如「市場文化」論述一樣，不是社會主義本身所固有，而是外來的，是中共改革開放以後才有的，且往往出諸某些變化的形式。譬如中山大學哲學系李宗桂，在界定「大眾文化」時表述如下：

「規範性不強、變易性較大，容易隨時尚的變換而變換……往往透過大眾傳播媒介（如電影、電視、電台、報紙、雜誌等）而得到傳達和表現……無論在內容還是形式方面，大眾文化要求的是通俗的、群眾喜聞樂見的東西，更多地與物質生活相聯繫，不會花太多時間和金錢，便於操作，賞心悅目，

一般具有立竿見影的效果。」（註六二）

　　這種著重現實面的對大眾文化的闡述，顯然是一種傾向「消費休閒」立場的論述；反之就其理想面而言，強調「大眾文化反映著普遍群眾的精神需求，代表著大多數人的利益……在建設社會主義新型文化的今天，我們應當高度重視大眾文化、精神發展……逐漸提高大眾文化品味……。」（註六三）這種偏向「教化」的對大眾文化的說明，反倒接近「群眾文化」的論述。

　　學者于光遠則試圖為這種「消費文化」論述，作一較完整的社會主義式的說明。他引恩格斯的論點指出，消費的目的有三：生存、享受以及發展自己、表現自己。而過去對於「消費」普遍存在著一些錯誤的觀點，他先後提到這類錯誤有兩點：首先，許多人對消費之「享受」面向避諱不提，認為革命者不能提享受，而他則堅持人要活的健康，就不能沒有「享受」。其次，有些人基於「為生產而生產」的觀點，認為八○年代中共改革出現了「消費早熟」的現象，而他則堅持「生產應是滿足消費者的需要」，大陸當前的問題不是「消費早熟」而是「不熟」。（註六四）于的堅持，多少關聯到他對消費之積極看法，亦即消費資料不僅可提供人們的生活需要、滿足人們的享受，而且可以發展自我、表現自我。他認為這又涉及種種創新產品的開發。因此他才強調「新產品是使人學聰明的一種教科書」，具「競賽性質」或「戰略性遊戲」性質之休閒消費活動應予提倡。他還特別對具「高技術產品」性質之消費

品表示偏愛，認爲這可提倡人們之「現代化意識」。（註六五）

　　于前述的說法，涉及了一種單從「經濟效益」之觀點來談消費行爲合理化、消費方式好壞的問題，這種「純經濟效益」觀點，又不期然地關聯到資本主義社會的市場競爭理論。于光遠似乎亦有此警覺，因此，他又試圖去顯示這符合馬克思本人的意思。他指出馬克思主義強調人的全面發展，而這也包括對消費品消費之知識在內，亦即透過消費發展提高人之享受能力，所以馬克思說「要多方面享受，他就必須具有享受的能力，因此他必須是具有高度文明的人」，而社會主義社會自然是要設法去，他引馬克思《政治經濟學批判（1857~58年）手稿》上的話，「培養社會的人的一切屬性，並把他作爲具有儘可能廣泛需要的人生產出來，把他作爲儘可能完整和全面的社會產品生產出來」。（註六六）

　　然則，馬克思對「消費」之把人之全面發展的肯定，並不至推出一種對市場競爭倫理的贊同，因此于氏這裡的辯護，可理解爲旨在給資本主義之經濟邏輯披上一層合法的外衣，以適應目前改革開放的需要。

三、小結

　　「文化市場」論述要求文化面向市場，相信「文化產業能唱大戲」，而「消費文化」論述，一方面正當化了商品化的大眾文化，另方面則連結工作與時間，寓教育訓練

於娛樂消費，這兩種論述，不論如何修飾，都無法遮掩住它們資本主義的背景，它們的確體現了一種資本主義的經濟邏輯。但在改革開放的當下，以一種特別的形式被接受，承認其正當性，也就是說，在通常情形下，這種體現了資本主義經濟邏輯的兩種論述，與前述體現了（社會主義之）政治邏輯的三種論述，形成一平等競合的關係，而給流行文化的評斷提供依據。它們成為評論分析流行文化的「前題」，被視為當然的「常識」，且往往是「無意識」的被接納，（註六七）儘管這些共識彼此之間不免有矛盾，特別是「經濟－－政治」面向的矛盾對立，但是，由於語言的多義性（polysemy），在競爭中佔主導地位的論述，透過意義的「構連」（articulation）（註六八），可以將之加以消融，並重新界定其意涵。然則，當「經濟－－政治」邏輯之對立終究無法調和時，亦即當某些個人價值、某些不同之價值主張，被視為是提倡個人主義或涉及深層價值之多元化時，關聯政治邏輯之論述就具有決定作用－－亦可稱之為「最終的決定作用」或「歸根到底的決定作用」。換言之，與前者比較起來，表顯政治邏輯的論述更被視為當然，是常識的常識，一種更深層的共識。

如是，透過此種具有共識性質之五種論述，兩重邏輯去對流行文化進行過濾、定位、構連時，就可以使得一些看似異議的聲音或次文化之價值，也都可以被當局所容忍、乃至接納，以前述之「文化自主性」論述為例，雖然不可能堅持為「文化為政治服務」之當局所容許，但可通過前述意義「構連」的方式，在與政治或經濟邏輯作符意

連結後，仍得以合法的表述。如此，這種足以容納較多種聲音，較多種價值表達之新的文化監控形式，一方面不至妨礙甚且可謂有助發展自我、表現自我，從而提高並培養個別生產者之生產力、競爭力及創造潛力，為經濟發展提供推力；而另方面，也為反對主流文化之人士預留一些妥協談判的空間，並因而使他們也多少接受乃至同意「現況」。結果，就替這類在改革開放以來大放異彩，但卻極其俗世的大眾流行文化，開出一條為統治者之文化霸權提供服務的道路，但卻是一條迥異於以往總體性意識形態所採行的服務取徑。

第五節　流行文化、中國式社會主義意識形態　　　與文化認同

　　隨著改革開放的漸次深化，隨著文化世俗化的日益發展，當過去「精英辦文化」那種單純「接受型」的文化已開始轉向所謂「參與型」的文化時，我們都毫無例外地發現，在其中，大眾流行文化扮演了重要的角色，特別是在沿海開放地區。（註六九）如是，在中國大陸匿跡近 30年後，流行文化，又重新蓬勃起來。

　　儘管一談起流行大眾文化，衛道之士總不免口誅筆伐一番，但是這種精英主義的價值有時會陳義過高，反而與現代化過程中文化世俗化之一般取向背道而馳，以至抹殺了流行文化的正面意義。而對中國大陸言，此種流行文化

還具有一種特殊的「啟蒙」意涵，尤易因此精英主義立場而遭忽視。

對中國大陸而言，流行大眾文化之所以具啟蒙意涵，筆者認為有下列幾項原因：第一，中國大陸之現代化是從「經濟改革」這單方面展開，在政治方面仍是「向右轉」。因此西方有關現代性之思想觀念，有相當一部分是通過與經濟相關之市場文化、消費文化的傳遞，才得深入民間的。第二，當西方國家展開其現代化歷程時，流行大眾文化甚至尚未起步。（譬如美國流行大眾文化盛於四〇年代，英國則是六〇年代），而當中國大陸重新開放現代化步調時，這種密切關聯到現代科技、經濟之流行大眾文化正可謂發展到登峰造極之際。因此對西方的現代化可能是「文化工業」的東西，（註七十）對中國大陸而言卻可以有「啟蒙」意涵。換言之，在此種時空錯位下，顯出了新的可能性。第三，當中國大陸甫從「文革」之夢魘中悠悠轉醒之際，首先闖進其深鎖重門的亦正是這類流行文化，它們包裝精美，技術先進，表現形式多樣化，具多元價值取向，且往往適合個人情緒紓解……這與大陸那些不講究包裝、技術落後、型式單一、毫無個性之文化產品恰成強烈對比，以致在群眾中形成一種盲目崇拜的「逆反心理」（註七一），而正是這種「逆反」態度，使得海外可能視為「文化垃圾」的東西，卻可能在中國大陸激起人們的「反思」，從而發揮了「啟蒙」的功能。

從流行大眾文化的這種「啟蒙」作用出發，有些學者卻認為其中所體現之多元價值、異質性，實有助挑戰官方

意識形態，衝開一定公共空間並有助市民社會脫離黨國宰制。誠然，就傳統那種獨石的（monolithic）、「偏重知性的」意識形態（intellectual ideology）言（註七二），特別是相對於它「一以貫之」的整套觀念邏輯，這些多元且異質化之文化產品確實可承擔此功能。然則問題是，一方面，過去的意識形態觀，只將焦點置於官方強調之形式化的觀念體系，忽略了吾人生活世界中實際運作之理念，因而視野不免偏狹；而另方面，改革開放後，流行文化重現之同時，中國大陸社會本身的性質也已發生了改變。今天不再是過去那種純粹「單一意志型」的社會了，儘管要產生獨立自主之市民社會為時尚早，但黨國對於市民社會的宰控確實削弱了，表現在意識形態方面是：雖然政治體系仍保持意識形態的正統性，對理念的多樣性仍不能容忍，但官方教義內容可以修正，受意識形態束縛的活動範圍可以縮小，（註七三）換言之，當黨國之意識形態宰制，不再能那麼全面時，在今天這種過渡性社會中，一種與前述「偏重知性的」意識形態可以有關聯但亦可明顯區隔的「在人們生活中起作用的」意識形態（lived ideology）就有必要分開加以考量。（註七四）如是，一方面是因為原來使用之意識形態概念視野太窄，另方面則是因為即使此種片面的意識形態觀適用於過去社會，亦難適用於目前這種過渡型社會。因此，在闡釋流行大眾文化與中共意識形態霸權之關聯時，我們改而採取一種更具彈性、更周全的意識形態概念，在其中，官方形式性之觀念體系固然被考量，而在吾人生活世界中實際運作之意識形

態亦接受審視。正是從這裡出發，我們得知了流行大眾文化的另一項功能——意識形態功能。

在人們的生活世界中，流行大眾文化要經由常識或共識來予以定位、過濾或刪選，此種視爲當然的常識或共識，經本文的分析顯示包含了五種論述及兩重邏輯，體現政治邏輯之「文化爲政治服務」、「群眾文化」及「反資產階級自由化論述」及體現經濟邏輯的「文化市場」及「消費文化論述」。

透過此五種論述，一種生活中的意識形態就可以既包含社會主義的意識形態要素（前三種論述所提供），在此同時亦涵蓋了資本主義的意識形態要素（後兩種論述所提供），這些意識形態要素彼此間處於一種競合的關係。其次，通過政治—經濟兩重邏輯的架構，就保證了這些意識形態要素的組合始終能在社會主義容許範圍之內，不致越位，當然，這也至少說明了何以在前面的討論中，「文化自主性」的論述雖一再被提及，但仍不免在政治和經濟的邏輯前一再被化約的緣故。進言之，透過此共識性之五種論述及兩重邏輯，當局亦得在人們的生活世界中，對吾人之流行文化經驗形成一種無形的監控。在此種監控形式下，流行文化中所涵蓋之挑戰官方意識形態的多元價值、異質性的內涵，就不易構連爲一種顛覆性的表述，反而卻有利於當前社會的需要，甚且成爲生活現況辯解的重要環節。

如是，即使是異議的聲音，只要能作出成功的意義構連，就不一定會成爲文化霸權的威脅。「文化衫熱」，「毛

澤東流行熱」正是在這種形式的定位過程中被相當程度的接納，而得以發揮其「閥門效應」，使得在快速變遷社會中那些自我發展、自我認同發生危機的群眾，當其心中所積聚之挫折感、不滿、焦慮不安的能量達到飽和時，得以藉著這類群眾自發形成之文化形式來加以宣洩。而當這種破壞性的能量在經過此種定期式的解放後，體系的穩定又得以保證，集體認同亦得以加強；而另方面，當更多的更富水平的參與者加入此種定位過程的討論、分析時，意義構連的運作得以進一步「淨化」、「提升」，終而導向「健康的」方向。換言之，即可使之導向官方意識形態所指引的方向。

這種既在政治邏輯中，體現了正統教義，同時又在其經濟邏輯中反映了改革開放之理念的特徵，就給吾人又揭示了一條與過去道路迥然有別的中國式社會主義意識形態的發展邏輯，也就是說，它應該被理解為一種不斷發展的、內容豐富的概念，一種可以因應情勢而作一定程度變化的概念，而不再只是一種「吾道一以貫之」的形式化的觀念體系，它同時還是一種不斷因應周遭情境來對種種對反價值作構連的生活世界中的意識形態。

進言之，當經濟的邏輯亦被涵蓋進中國式社會主義意識形態時，這同時也意味著代表工農階級的「感知結構」（ structure of feeling ）的改變，這種作為共同經驗之成果，反映了人們整體生活方式的共享之思維方式和感覺方式，（註七五）在過去只表徵了以工農階級為主導的革命鬥爭的經驗，而今天當市場經濟的體驗亦被納入考量

時，新的「感知結構」就形成了，以它作為集體自我的表述，也反映了市場的脈動，訴說了這種新的集體經驗，以便給不同個體之認同提供新的文化之音，在其中，個人價值、價值之多元化的強調，只要不上綱至個人主義或深層價值都可以被容忍被接受，結果在個體與集體認同間就不再是原先那種靜態的，缺乏變化的純粹壓制性關係，而是一種動態的有其內在緊張但同時亦富彈性的關聯方式。質言之，亦即流行大眾文化之興起，既代表了個體自我認同之形塑更需依賴個體自身的努力，而集體認同的穩定亦不像過去那麼保證安穩，隨著社會以及意識形態本身的變遷，今天新的認同越發需要在動態中求其平衡。

【註　釋】

註一：催玉三，＜文化市場：讓人歡喜讓人憂＞，《東方藝術》（鄭州），1994 年 3 月，頁 10。亦有分為十類者：圖書報刊市場、電影發放市場、音像製品市場、表演藝術市場、流散文物市場、文化旅遊市場、群眾文化市場、服飾文化市場、飲食文化市場、工藝美術市場等。見車國成，＜論我國文化市場的積極作用與正常發育＞，《經濟體制改革》（成都），1989 年 6 月，頁 20 － 29。轉引自「人民大學書報

資料中心」複印報刊資料《文化研究》月刊（以下簡稱 CS），1990 年，2-100（第二期，頁 100）。

註二：參閱孔捷生，＜天下誰人不識君－鄧麗君文化現象面面觀＞，《中國時報》，民國 84 年 5 月 24 日，23 版。李英明，《文化意識形態的危機：蘇聯、東歐、中共的轉變》（台北：時報文化，民國 81 年）。頁 184－188。張五岳，＜大陸通俗文化在社會變遷過程中的角色與影響＞，《兩岸文化思想與社會發展學術研討會論文集》，1994 年 5 月，1X－C 頁 6。韓劍華，＜臺灣流行歌曲在大陸：現況與前景＞，「兩岸大眾文化交流研討會」論文，民國 81 年 6 月，頁 7。楊開煌，＜現階段大陸人民休閒活動初探——「卡拉 OK」的社會文化意義之理解＞，「兩岸大眾文化交流研討會」論文，頁 9，11。

註三：張五岳，前揭文，頁 3。韓劍華，前揭文，頁 5－7。

註四：張五岳，＜臺灣電視劇、小說、漫畫在大陸流行之社會與文化意義之研究＞，「兩岸大眾文化交流研討會」論文，民國 81 年 6 月，頁 3。楊開煌，前揭文，頁 11。

註五：周山，＜語必關風始動人——大陸通俗文化在社會變遷過程中的角色與影響＞，《兩岸思想文化與社會發展學術研討會論文集》，1994 年 5 月，1X－C 頁 10。

註六：例如，周大鵬，＜市場文化和文化市場＞，《光明

日報》，1993 年，1 月 21 日，第 6 版。賴伯疆，
＜珠江三角洲的對外開放與我國的文化建設＞，《廣
東社會科學》，1992 年 5 月，頁 41 － 44，49。
李宗桂，＜論當代中國的主流文化＞，《社會科學
戰線》（長春），1993 年 4 月，頁 101 － 106。
范希平＜市場文化當論＞，《華東師範大學學報（哲
社版）》，（滬），1993 年 5 月，頁 52 － 57。

註七：方朝暉，＜價值多元論質疑─兼論目前我國文化建
設的首要使命＞，《社會科學》（滬），1991 年 1
月，頁 45。

註八：參見李傳華等主編，《中國思想政治工作全書》，
下卷（北京：中國人民大學出版社，1991 年）頁
99 － 100，「尊重人、理解人、關心人的原則」條。
及李天、孫敬勛等編《簡明黨務工作辭典》（北京：
中國展望出版社，1990 年），頁 104，「個人主
義」條。

註九：白杰明，＜政治、藝術與商品化：中國的藝術推銷
＞，《當代》，1993 年 6 月，第 86 期，頁 48-49。

註十：同上，頁 48。

註十一：郭棟＜"○"的文化─我看「文化衫」現象，《北
京青年工作研究》，1991 年 9 月，頁 19。轉引
自 CS，1991，6 － 20,21。佟麗鵬，＜'文化
衫'現象透視＞，《八小時以外》（津），1992
年 6 月，頁 16 - 17。轉引自 CS，1992 年，4 -
57-58。

註 十 二：陳可，＜關於毛澤東熱的對話＞，《中國青年研
　　　　　究》（京），1992 年 5 月，頁 15 - 19。CS，
　　　　　1992 年，5 － 59-62；李向平，＜毛澤東熱：當
　　　　　代中國文化之迷＞，《社會》（滬），1992 年 6
　　　　　月，頁 36-37。CS，1992 年，4 － 6-7。

註 十 三：參見佛洛姆，《逃避自由》，莫迺滇譯（台北，
　　　　　志文出版社，民國 60 年）。

註 十 四：參見王耀宗評張占斌、宋一夫，〈中國：毛澤東
　　　　　熱〉，載《社會科學學報》（香港）1994 年，
　　　　　第 3 期，頁 230。

註 十 五：毛澤東，＜在延安文藝座談會上的講話＞，《毛
　　　　　澤東選集》，第三卷，（北京：人民出版社，1991
　　　　　年），頁 865 - 866。

註 十 六：同上，頁 848,850,862-863。

註 十 七：同上，頁 869。

註 十 八：鄧小平，＜黨在組織戰線和思想戰線上的破切任
　　　　　務＞，《鄧小平文選》，第三卷，（北京：人民
　　　　　出版社，1993 年），頁 40。

註 十 九：同上，頁 44。

註 二 十：Perry Link，"The Limits of Cultural Reform in
　　　　　Deng Xiaoping's China", *Modern China*, VOL.13,
　　　　　No.2, April 1987. p.153.

註 二 一：Ibid. p.154-155.

註 二 二：《鄧小平文選》（1975-1982 年）（北京：人民
　　　　　出版社，1983 年），頁 221。

註二三：段爾煜，＜對「群眾文化」定義的思考＞，《雲南學術探索》，1991 年 1 月，轉引自 CS，1991 年,3-97。

註二四：同上，頁 96-97。

註二五： Glen Peterson "State Literacy Ideologies and the Transformation of Rural China",*The Australian Journal of Chinese Affairs.*,NO.32, July 1993,pp. 99-100.

註二六： Ibid. p.100。

註二七：同註二三。

註二八：周大鵬，前揭文。

註二九：王紀人，＜文化二題＞，《文學報》（滬），1993 年 10 月 21 日，第四版。

註三十：牟光義，＜九十年代群文事業發展的重點＞，《中國文化報》（京），1992 年 3 月 1 日，第 3 版。

註三一：鄭新立編，《社會主義精神文明建設全書》（北京：經濟日報出版社，1992 年），頁 74，「反對資產階級自由化」條。

註三二：鄧小平，＜堅持四項基本原則＞，《鄧小平文選》（ 1975-1982 年）（北京：人民出版社，1983 年），頁 148。

註三三：鄧小平，＜目前的形勢和任務＞，《鄧選》（ 1975-1982 年），頁 236。

註三四：鄧小平，＜關於思想戰線上的問題的談話＞，《鄧選》（ 1975-1982 年），頁 344-348。

註三五：《鄧選》，第三卷，頁 123。

註三六：同上，頁 125。

註三七：同上，頁 42。

註三八：同上，頁 43。

註三九：同上，頁 44。

註四十：參見鄭新立編，前揭書，頁 74，「資產階級自由化」條，及李傳華等主編，前揭書，頁 210-211，「資產階級自由化」條。

註四一：參見松尾康憲，＜反「和平演變」理論的架構及成效＞，第十九屆中、日「中國大陸問題」研討會論文，民國 81 年，頁 1-2。

註四二：《毛選》，第三卷，頁 870,874。

註四三：趙應云，＜發展市場經濟的文化使命＞，《湖南日報》，1994 年 4 月 20 日,第 7 版。

註四四：車國成，前揭文，頁 20。

註四五：同上，頁 22。

註四六：＜文化建設的重大課題—「文化市場」學術座談會述評＞，《哲學研究》，1994 年 6 月，頁 3。

註四七：同上。

註四八：同上，頁 5。

註四九：吳富恆、狄其驄，＜面臨挑戰的文化建設—文化問題縱橫談＞，《文史哲》，1994 年 4 月，頁 11。

註五十：同上，頁 10-11。

註五一：＜文化建設的重大課題＞，頁 5，＜面臨挑戰的

文化建設＞，頁 10。

註五二：＜文化建設的重大課題＞，頁 4。

註五三：＜鄧選＞，第三卷，頁 43。

註五四：張德麗，＜論市場經濟條件下的「文化建設問題」
＞，《理論建設》（合肥），1994 年 4 月，頁
45。

註五五：同註四三。

註五六：杭天勇，＜文化產業能唱大戲＞，《光明日報》，
1994 年 7 月 30 日，第 2 版。

註五七：賴伯疆，前揭文，頁 42，轉引自 CS，1992 年，
6-21。

註五八：周大鵬，前揭文。

註五九：范希文，＜市場文化當論＞，《華東師範大學學
報（哲社版）》，1993 年 5 月，頁 54。

註六十：朴明瑩，＜高級技術傳媒與當代文化的更新＞，
《遼寧教育學院學報》，1994 年 1 月，頁 103。

註六一：同上。

註六二：李宗桂，＜論當代中國的主流文化＞，《社會科
學戰線》，1993 年 4 月，頁 103。

註六三：同上。

註六四：于光遠，＜談談經濟文化＞，《消費經濟》（長
沙），1992 年 1 月，頁 1-3。

註六五：同上，頁 4。

註六六：同上，頁 5。

註六七： Cf.Sfuart Hall "The Rediscovery of 'Ideology':The

Return of the 'Repressed' in Media Studies ， " in *Culture, Society and the Media* ed. Michael Gurevitch, Tony Bennett et al. （ London:Methuen, 1982 ）,p.73 。

註 六 八 ： Graeme Turner, *British Cultural Studies : An Introduction* （ London: Routledge, 1992 ） p.205 。張 錦 華 ，《 傳 播 批 判 理 論 》（ 台 北 ： 黎 明 ， 民 國 83 年 ） ， 頁 144-146 。

註 六 九 ： 同 註 五 七 。

註 七 十 ： 何 謂 「 文 化 工 業 」 ？ 請 參 照 羅 曉 南 ＜ 「 批 判 理 論 」 對 大 眾 文 化 的 批 判 ― 從 阿 多 諾 、 霍 克 海 默 到 哈 伯 瑪 斯 ＞ ， 《 政 治 大 學 學 報 》 ， 第 69 期 ， 民 國 83 年 9 月 ， 頁 263-265 。

註 七 一 ： ＜ 對 當 前 文 化 現 象 的 一 些 思 考 ＞ ， 《 群 言 》（ 京 ）， 1993 年 8 月 ， 頁 5 。 CS ， 1993 年 , 頁 5-42 。

註 七 二 ： Michael Billing and Susan Condor et al., *Ideological Dilemmas : A Social Psychology of Everyday Thinking*（ London: Sage, 1988 ）, p. 28 。

註 七 三 ： Ibid.,pp.27-28 。

註 七 四 ： 王 景 倫 ，《 走 進 東 方 的 夢 ： 美 國 的 中 國 觀 》，（ 北 京 ： 時 事 出 版 社 ， 1994 年 ） ， 頁 271 。

註 七 五 ： Raymond Williams, *The Long Revolution* (London : Penguin,1975) , p.64. 此 地 之 觀 點 參 照 了 Tony Bennett 之 詮 釋 ， see Tony Bennett , *Popular*

第5章

中國文化往何處去——改革開放中的民族主義思潮

第一節 九〇年代文化轉型中的「本土化」現象

文化消費化、階層化，大眾傳媒化，審美觀的泛俗化以及價值分殊化等，形構了當前中國大陸文化現代化的表徵。然則，文化層面這些深刻的變化，對中國大陸的發展走向而言，又意味著什麼呢？它是否已回應了「中國往何處去」這個糾纏著現代中國知識份子的老問題？三位北京學者－張法、張頤武、王一川－對此，提出了他們的答案：這意味著作為中國「他者化」之「現代性」這一知識型（ episteme ）的終結，但同時又是它的轉型，就是說它將逐漸「凝縮和移位為一種傳統」而延續下來，並借助另一新知識型－「中華性」而再次充滿活力，發揮影響。（註

一）

　　在此，三位學者實際上已將中國文化現代化的場景，拉回到它的開端－一八四〇年：在西方列強的環伺下，中國被迫以西方之現代性為參照系統，展開其啓蒙救亡的工程。這種「他者化」的過程，在改革開放後之七〇、八〇年代達其巔峰，以至竟然將西方這個「他者」的後設論述（或「元話語」），當成了中國自己的後設論述，以西方的道路，作爲「中國往何處去？」的唯一指標。然則，到了九〇年代，由於「終極價值和意識形態迅速失去了自己舊有話語（論述）的中心位置，『現代性』的偉大敘事已悄然被『物』（商品）的光輝所取代」，而「主體」這個「八〇年代價值的中心觀念已趨消失」，相繼興起的主要是不去過份凸顯個人主體性之「新保守主義」、「新權威主義」－「利用過渡性又有現代導向的權威，利用傳統價值，逐步推進現代化」－以及「新實用主義」：對意識形態、烏托邦不再有興趣，只以日常生活中個人物質欲望的滿足爲取向，這種實用態度乃是當代流行文化的中心潮流。（註二）結果，代表全面喪失自我的中國「現代性」，遂「不可逆轉的衰弱了」，而給重視「中國文化復興」、「國學復興」之「中華性」知識型的出現，提供了必要的前提。

　　這種所謂之「中華性」，在張法他們看來，固然會「珍視自己作爲人類一份子的文化資源」，「在未來的發展中將以凸出中華性的方式來爲人類性服務」，但它並不因此而試圖放棄和否定西方現代性中一切有價值的目標和追

求。反之，它是對古典中國和其現代性之「雙重繼承」和「雙重超越」，它是在「一種容納萬有的胸懷」中，對未來世界之多元性要求所做的「創造性的回應」。而在文化版圖構想方面，儘管它主張一種以中國大陸為核心，進而包含港、澳、臺所有海外華人乃至東亞、東南亞在內的「中華圈」文化，但這也不是要「退回到古典中國之朝貢體系去」，而是要使「東方為世界作出貢獻」。（註三）

對於九〇年代文化現代化過程中興起之「本土化」取向的思潮，張法等三位學者看到的是古典與現代的融合，是在全面「他者化」的過程中找回了自我，但同時又是一種「自他不二」，中西文化「互融互攝」這種精神的體現。然則，對許多中國大陸以外的人士，特別是西方人而言，同樣的文化現象，卻代表了截然不同的意涵：它顯示了某種仇外的、報復性的、反映了自身屈辱及不平，而又無法加以控制的民族主義情緒及民族野心。澳大利亞學者白杰明（Geremie R. Barmé）即是其中最典型的一位。

在＜操外國人就是愛國：中國的前衛民族主義者＞一文中，（註四）白氏指出：九〇年代是一個政治相對穩定，思想停滯和經濟狂熱的年代，正是基於此種前題，人們得以在「愛國主義」大傘下，創造了各種利益匯流的可能性。正如商業化造就了種種新的貪婪的社會契約一樣，同樣的，民族主義也在九〇年代成為一種跨越官方文化邊界而為各方普遍接納的共識形式，而且至少就目前言，這種共識是有利於共黨的。依白氏的觀點，八九民運之後，西方在中國人心目中開始「除魅化」（disenchantment），

許多支持過民運的人士，現在開始相信，如果完全走西方道路，以至經歷一場大的政治動盪，其結果就會像前蘇聯所面臨的這種失序的處境一樣。伴隨著這種想法的是一種基底的情緒（underlying sentiment）：西方虧欠中國－它起因於過去的羞辱，現在則成爲要求西方給中國較好待遇的口實。這種情緒既體現在中共對人權問題的回應上，亦反映在九三年奧運主辦權的爭取上。而在九〇年代達其高潮之「毛澤東熱」，亦一無例外的具有某種「反外」的強度，並不期然的透顯了這樣的訊息：要找回「改革開放」後已日漸失落的民族自尊與民族自我價值。結果，當官方開始日益倚重民族主義以塡補迅速腐蝕之毛思想信仰所留下之空白時，民族主義遂在官方「愛國主義」大傘的庇蔭下迅速繁興。處於這樣的情境底下，反對的意見和不同的聲音都難有出路，再加上傳播媒體也因爲社會經濟的發展而日益多樣化、商品化，結果，知識份子們雖然自一九九二年起即重新匯整並創辦了一系列的重要刊物，但仍然無法或最多只能擁有一種邊際的聲音。（註五）缺乏公眾性的知識份子及公共討論，反過來又有利於更極端的民族主義的主張。

因官方壓制和「文化－經濟」掛勾所肇至之文化的去政治化（de-politicization）和商品化，固然邊際化了知識份子批判的聲音，但更反諷且弔詭的現象是：在西方具有強烈批判、顛覆意涵的「後學」－後結構主義、後現代主義、後殖民主義等，卻在此間扮演了助長中國知識界文化（新）保守主義－一種與民族主義相關聯的「新權威

主義」－抬頭的角色。它們被用來肯定大眾商業文化，否定知識份子獨立的批判角色，進而爲他們之融進民族主義及其討論添材加火。質言之，亦即當文化知識界之「人文精神」逐漸失落，而前述所謂「新實用主義」態度日漸流行之際，對於許多曾在八九民運中主張改革之人士言，目前下海撈金，也算是一種「革命行動」了。此時，後現代主義則給文化知識界人士提供了放棄其批判角色，不參與政治，向國家示弱，並以道德中立自居的理論依據；從這種立場出發，八〇年代對西方理論的探索就被定位爲「清談」，反之，在商場和政壇對金權的角逐才是務實。而另一方面，後殖民主義，它對西方之顛覆和挑戰，則在此脈絡內被解讀爲肯定「本土化」、「中國化」，甚且被用來肯定文化、政治的現況，拒絕接納西方思潮（包括社會文化和政治思潮），視之爲殖民化、帝國主義的思想，不符中國國情。中外間「平等對話」關係的達成，對許多人言，即或在中國強大後，亦是不可能的。（註六）

這種顯露了民族主義情緒的對「平等對話」關係的負面認知，可以關聯到過去反帝、反殖的意識形態，然則，白杰明卻將它聯繫到中國人心理文化方面的一種深層結構－一種與自我贊許（ self-approbation ）互爲孿生兄弟的自我懷恨、自我厭憎（ self-loathing ）的傳統，此一傳統據說可以溯源自晚明，在目前則對民族主義起了推波助瀾的作用。依白氏的觀點，這種自我厭憎的傳統在當代中國是普遍存在且有力運作的，特別是在城市精英之中，尤其如此。他們對於中國的危機往往深感焦慮，認爲

危機的根源不只是帝國主義殖民所致，而且還有其更基本更重要的民族自身內在的、歷史的原因：似乎是因為中國人承繼了較其他民族更為墮落且落後之封建文化傳統，以及因此而肇至之劣質民眾，以致無法像其他國家人民一樣創造性的運用其傳承。這種自我厭憎的方式，一方面可以用來為中國近代之積弱不振作辯解，另方面又再次肯斷了一種普遍分享的民族獨特感－中國民族是世界上獨一無二、無與倫比的。（註七）中國之政治人物及宣傳家由於深諳此中玄妙，因此往往運用這種羞恥、積弱和民族屈辱感來激發愛國意識及民族主義情緒。

到了九〇年代，隨著經濟的成長，中國人的這種自我厭憎、自我懷恨的傳統又經歷了一次新的轉折，轉向作為其雙生兄弟的另一極端－自戀。在中共之政治、社會體制未作任何重大改革的情況下，經改卻獲得了持續的成功，這使得許多人相信消費主義（ consumerism ）可以作為一種終極性之革命行動，扮演起救贖民族生命的角色。換言之，民族復興之道並不在於過去那種抽象的「清談」國是（如八〇年代的「文化熱」中之爭議「中國往何處去？」），而是在於目前這種本民族自我中心的佔有性力量（ self-centred power of possession ）。然則，少數有識之士清楚認識到這意味著「人文精神」的喪失：如此一昧的滿足於財富的攫獲和佔有，勢將腐蝕中國的民族性，或至少迴避了公眾對於民族性必須變革的認知。如是，八〇年代那種激烈的自我反省精神，到了九〇年代由於經濟發展的成功、政治的壓制以及對思想界討論的嚴加管制，遂鼓舞

了一種虛張的勇氣，使民族精神被誤導到一種缺乏深思或未經公共領域檢討，卻囂張自大且多少半盲目的自我肯定的方式。而就整體「文化－意識形態」層面的轉變言之，則反映了一種一次大戰前西方盛行之素樸粗陋的實證主義態度，而國際媒體炮製之東亞經濟文化掘起之奇蹟、又更強化了此種實證主義的取向：迷信科學、物質財富、資本主義和族國強大。（註八）有趣的是，儘管中共強調「國粹」、「傳統文化」，但白氏卻認為這種實證取向的信念，並未受傳統文化中庸之道的節制，以至展現了強烈排他的民族主義情緒。

這種民族主義或超級民族主義的情感（ ultra-nationalistic sentiments ），目前已跨越了整個政治光譜，為各不同立場之人或團體所持有，而持有此觀點之個人或團體，在社會亦有廣大之追隨者。白氏並列舉了許多有此種傾向之知識份子、文化人：《戰略與管理》雜誌編輯王小東（筆名「石中」），提倡「新權威主義」之蕭功秦，傾向文化保守主義強調「本土化」、「中國化」之「後學」主張者，電視劇《東方》之製作人夏駿、麥天樞，在《北京青年報》發表「東方的啓示」的記者邵延楓.....等。此外，出人意外的，許多一般咸認是西化的、親西方的或自由派人士亦被列名：搖滾歌手崔健，因為他聲稱：北方的中國人可以創造出一種健康的、積極的，具有社會進步意義的音樂，與西方消極的、頹廢的搖滾音樂截然不同。具有顛覆意義而引起爭議之「文化衫」設計者孔永謙，與當局的認定不同，他實際上是愛國者，因為他的用意本

不在推翻現況，而是冀圖去充實中國之文化領域，俾使其國家更具競爭力。《荒原風》的作者袁紅冰，雖以改革者著名，但實際上則是中國法西斯主義者，因為他提倡「英雄主義」，關切「種族命運」和作為民族救星的強人；他看重瘋狂和非理性，譴責為個人自由而背叛種族的作法，譴責從西方去尋找解決中國問題的靈丹，排斥西方「科學理性」，並指出民族復興的第一階段必須是一種「極權形式」。中國「新浪潮」導演張藝謀、陳凱歌、田壯壯等亦列名其中，因為他們的作品和二〇、三〇年代去激發民族熱情的電影傳統完全吻合。（註九）

第二節　「中華民族復興」抑「民族沙文主義」？

　　同樣都是對九〇年代大陸文化思潮之變遷作定位，何以雙方的觀點差距如此之大？一方強調新潮流的融合性，另一方則強調其極端的自我中心與排他性。從中國人的立場出發，不免要質疑白氏的立場是否太偏激了？這樣的見解具代表性嗎？很弔詭的，對於這一股澎湃的民族主義思潮，不僅西方人士疑懼，視為「中國威脅」之明證，而且包括臺灣在內的海外華人對此亦多有微詞，儘管他們並不一定贊同「中國威脅」的論調（詳後）；而另方面，甚且大陸內部，包括民族主義陣營在內，亦有不少反省的聲音。（註十）

就內涵而言，白杰明的觀點，在歐美也有一定的代表性。依大陸民族主義派學者自己的說法，西方許多著名的報紙、雜誌，例如《遠東經濟評論》、《華盛頓郵報》、《國際先鋒論壇報》等對此多有報導，其中許多論調皆與白氏相同。（註十一）而在西方學術界方面，目前方興未艾之討論中國民族主義的熱潮中，亦有不少與白氏立場接近者，譬如狄克托（Frank Dikötter）就是一例。

　　依狄克托的看法，後天安門時期興起之中國民族主義，的確是一令人憂慮的現象。這種民族主義並不只是文化民族主義的問題，他甚且認爲還有最狹隘的種族主義的歷史根源－去強調某種想像的生物學上的區別。（註十二）即或是八九年那些反政府爭人權的學生，亦不免是這種種族主義的公開支持者－有些學生六個月前才在南京參加「反非」示威，抗議非洲學生玷污了中國女子的純潔性。其次踵隨白杰明腳步，狄克托也注意到中國知識份子那種通過「自我否定」之形式－自我厭憎、自我貶損、自我批判－來激發自身振興民族文化之責任意識的特徵。他並且強調，通過這種有意關聯之恥感教育（強調「國恥」）的方式，這種長期內化和習性化（habituation）的過程，無形中給所有民族主體都灌輸了一種暴虐意識（sense of outrage），以致中國作爲一民族，有其明顯之敵人。這在八〇年代是指搞「精神污染」的西方資產階級，在九〇年代則是妄圖「和平演變」的邪惡的西方資本主義，其中，「西方」都被建構爲主要敵人。因此，他警告說，反西方文化以及相關之「反帝」論述，並不只是中共當局的一項

策略而已，事實上，這種態度已超過了政府的範圍而爲許多反政府人士所分享，袁紅冰即是一例。在對袁的評價上，他與白杰明完全一致。這種種族的和文化的民族主義是否可能像臺灣所經歷的一樣，開出一種不排外的、非自我中心的政治民族主義？他的結論很悲觀：由於中國大陸酖於民族主義之知識份子及政府圈人士所關切的都太狹隘了，對民主目標並不認真，因而不易成功。這與白氏武斷的結論－「無論未來的經濟與政治現實如何發展，重要的是我們都應認識到形成跨越整個政治光譜的中國人的態度之基礎的文化態度及意識，今天已爲黨的宣傳重新塑造過，並且反映著深深的挫折感及不可抗拒的民族野心」（註十三）－並不完全相同，但也相差不遠。

　　對於中國民族主義文化心理之深層結構方面這種所謂的「自我厭憎」，臺灣的中國人似乎並不如此定位，也較能同情的瞭解：它即或在歷史上存在，也不過就如孟子所強調「無敵國外患者，國恆亡」這種自惕之語一樣，旨在培養憂患意識，而儒家中國亦未嘗因此而嗜行「霸道」，反之卻是文化主義（culturalism）或天下主義，（註十四）當然，這其中傳統文化之強調「仁」強調「中庸」等價值，亦對其可能之負面效果起了節制的功能。而中共長期以來強調階級鬥爭、仇恨並破壞傳統文化後，今天爲了政治考慮又臨時起意的去鼓吹「國學」、「復興中國文化」，這種形式性的強調，（註十五）究竟能起多少中和節制的作用則不得而知，也難怪白杰明會認爲根本不起作用。至於毛澤東時代對知識份子之長期迫害，是否是當代此種

「自我厭憎」情結緣起之關鍵，似乎才是真正應該討論的重點。（註十六）在其他方面，諸如以民族主義去抵制西方民主潮，以及相關之「回歸傳統熱」，西方影響力之漸次消退等，臺灣也都有所論及，與白文無大差異。（註十七）而此間特別著重之「左派回潮」的論點，（註十八）白文中未見採用；儘管對「後學」之主張者，特別是持「後殖民主義」觀點者，白氏亦有所批判，但卻是因為他們喪失了左派應有的批判精神；而臺灣方面一般認為代表「左」的激進的毛思想，白氏則指出它的腐蝕，減少了對此極端民族主義的限制功能。這其中似涉及一項疑點：何以在臺灣（以及大陸）會將一般視為「右翼」的民族主義思潮和「左派」回潮混為一談？這關聯到所謂「階級民族主義」（class nationalism）的問題，容後論之。而在對「新浪潮」導演張藝謀、陳凱歌等的評價方面，此間亦不認為他們可以被定位為民族沙文主義者；反之，就他們被大陸之民族主義份子指控為「對發達資本主義文化霸權的慾望與幻想的滿足」而言，雖不同意但卻能理解。（註十九）

　　對於張藝謀等遭受的片面評價，大陸學者王小東（石中）也有類似的不平之鳴，他認為包括崔健在內，其「親西方的感情，取悅西方的願望」是明顯的；而其他被列入批判名單的人，如孔永謙、夏駿……等，當然包括王小東自己，「是不會同意被列入的，其他中國人也不一定同意把他們列進去」。此外，王小東也指出中國大陸申辦奧運之口號－「給中國一個機會」－當初提出來的時候，也不像白氏認定的那樣是基於「西方虧欠中國，而要求償還」

族作為被壓迫的民族的時候，大家都會肯定民族主義的價值。而現在，假定二十一世紀中國真的經濟騰飛，對這個問題不能不重新思考。知識份子盲目的樂觀以及政府盲目的鼓動，都會帶來負面效果。」(註二二)

在這段話中，陳氏對當代高漲之民族主義中隱含的中國人普遍具有的「華夏中心意識」、「義和團情緒」，都毫不避諱的指了出來；對於盲目樂觀之知識份子和政府之鼓動，亦不假辭色的提出警告。就此而言，我們能說這只是「少數人」的心態嗎？

在另一則專訪中，學者汪暉亦指出：「許多人」認為在中國目前這樣一個商業社會中，「整合的力量」是「民族國家利益」及在這個基礎上形成的「民族共同體的情感」，因此，民族主義目前在中國甚發展。從此前題出發，所謂「現代化」，遂成為一個民族國家「在現代世界利益鬥爭中取勝的一個首要條件和基本手段」，民族主義所凝聚的文化認同則淪為只是為此利益服務之工具。結果，社會文化中許多基本力量都被化約性的「整合到一個民族主義的基本立場中去」。（註二三）對此一現象汪暉亦警告說，如果中國變得強大後，仍如此抱殘守缺的「僅僅以民族主義作為政治與文化的同一性基礎，那將是非常危險的。」而「單純的物質增長是會將人們引向歧途的」，他以為一種健康的整合民族精神的方式，是「應該有一高於某一民族具體利益之上的東西」。他舉孫中山為例，認為他是個「堅定的民族主義者」，但在其三民主義中，始終

貫穿著具有普世性的「天下爲公」這個思想，而「不單純以追求民族國家的富強爲唯一的目標」。（註二四）

孫中山之講「天下爲公」與其「民權主義」不可分，用今天的術語來說，亦即要求一種普世性的「民主公共領域」：就國內言要求民主政治，平等的公民權；就國際言，要求普遍人權、相互尊重及平等的對話－一種康德式的世界公共領域（world public sphere）。（註二五）也正因爲民權、人權受到保障與尊重，民間以及國外不同的批判的聲音都可以在公共論壇中出現，不至讓「許多人」在現代化經濟高速發展的過程中過度膨脹自我、迷失自我－盲目的去迷信科學、物質財富、資本主義和族國強大。這正是汪暉在訪談中所隱含而未明言的邏輯，亦是白杰明的一項核心論點。

儘管在論及大陸民族主義之問題時，汪暉未能明白提出民主人權這種白杰明所謂「激烈之社會政治變革」的要求，但在《戰略與管理》刊出的另一篇論文中卻對此有所表陳。在這篇題爲＜政治發展視角中的民族與民族主義＞的論文中，作者陳明明論及了中國近代由「文化民族」向「政治民族」的轉型，作者似乎因爲所處理的題材未直接涉及當前政治現實，而得率直的指出，轉型成功的關鍵還在於：（1）否定文化民族的某種傳統象徵，重新尋找一種組織民族公共生活的方式；（2）它必須有足夠的權威，以便把民族公共生活的新方式植入現代主權、民主、自由的政治框架中。（註二六）當然陳在這裡既未忘記強調「權威」的必要性，又著重指出了民主、自由是一「艱鉅而長

期的過程」。

綜合前述三位大陸學者的論點，我們可以將之歸結為下列兩點（對當前大陸民族主義發展）的反省：

1. 中國人過去曾有之華夏中心意識乃至義和團式的情結並未得到足夠的清算，以至隨著經濟的發展，物質主義的抬頭，而有逐漸復甦的趨勢，造成了許多人都犯了民族自我膨脹的心態。

2. 「中國往何處去？」不能單純的以「國富民強」為唯一的指標，這是當前文化和經濟結合後，物質主義過度高漲，人文精神喪失所致，應輔之以更具普遍意義的價值：民主、自由及人權。

果真如此，當代中國之民族沙文主義傾向，就不會像王小東所辯稱的只是「少數人」所具有，但這也不應理解為大多數中國民族主義者，乃至大多數中國知識份子或中國人，都是民族主義狂熱份子，而應說是：包括那些王小東所謂「主張權威主義的」、「主張擴大民主的」、「主張政府多干預的」、「主張完全自由放任的市場經濟的」、「主張回歸傳統」以及「反對回歸傳統的」等不同主張之民族主義者在內，許多中國人（尤其是青年、知識份子、軍人）的民族主義觀點中，都包含有某些可以被解讀為民族沙文主義的要素，儘管他們並不一定如此自覺。王小東之「迴避」此一事實或許正因為缺乏這種自覺。其次，關於一種民主、自由、可平等對話之公共領域的建構，以補

充單純國富民強之國家目標的不足，既是大陸學者的反省，亦是白杰明批判的重點，王小東對此似亦視而不見，未有回應。這種可以顯現王之「一偏之見」的「迴避」，也展現在他對「自我厭憎」情結的定位上。他承認這是中國人心理文化之深層結構，但否定與民族主義之基礎文化態度與意識有任何關聯，反之，中國民族主義之興起，正是為了對抗此種日益深化的病態。（註二七）然則，問題是，他既承認了這種根深蒂固的毛病，又如何保證在一熱烈高昂的民族主義情緒中能免除此一情結的糾纏？

儘管王小東對白杰明的回應顯露了「一偏之見」，但這並不是說白杰明的評論沒有「一偏之見」。事實上，正如我們在前面已質疑過的，其中許多也是王小東的洞見，這包括：（1）他對眾多文化人、知識份子的定位，都太片面。（2）對中國人「自我厭憎」情緒（如果有的話）之於民族主義的關聯，亦只從負面去理解。（3）白也刻意忽略了那份他視為「青年保守派」的雜誌－《戰略與管理》－上所表達的與他立場類似的觀點，其中，汪暉的論點還是白文曾引用過的，（註二八）似乎他不願承認，也不肯相信這些「反省」會有影響力。（4）文化商業化、消費主義、粗陋之實證主義取向，概言之，文化意識之工具理性化，固然會物化人文精神、批判理性，但它是一兩面之刃，也同時可以具有能突破「夷夏之防」的個人主義、功利主義意識萌發的潛力；更何況，從「文化研究」的立場言，即或是商業性的、消費性的流行文化也可以因著受眾的自覺取用，而擁有顛覆的力量。而白杰明對此都未置

一詞。

　　這種「一偏之見」，同樣的也反映在白氏與前述張法、王一川等三人論點的對照中。雙方都注意到當前文化的商業化、大眾化、消費主義化，以及實證主義之抬頭和和其相關之價值分殊化（實證主義主張「價值中立」故價值分化）等現象，對於新保守主義、新實用主義、以及本土主義（如「中國文化復興」），亦都有所觀照，但其解讀脈絡（context）卻非常不同。張法他們在其中看到的是文化「中華化」與「他者化」的調和、並行不悖，而白杰明看到的卻是極端的自民族中心與排他作風。對白氏言，所謂「文化復興」云云，亦只是從一種「化約人文精神」及「意識形態化」的角度來理解；而另方面，為張法等視為是「現代化」即「全面他者化」的八〇年代，白杰明卻理解為是一「具有強烈反省精神」的時代。

　　何以對同一文化現象的解釋，在其中，雙方建構解釋的要素如此雷同，而各自的解釋，雖然都有所偏執，就一定的意義而言，亦都可以成立，但彼此的解讀卻有如此大的「落差」？吾人究竟應如何來理解此一差距？在此，葛蘭西(Antonio Gramsci)關於意識形態構連(articulation)的觀點，或可提供我們參考。據墨菲（Chantal Mouffe）指出：

> 　「依（葛蘭西）的見解，一種意識形態體系乃是將各種意識形態要素，以一種特殊的構連方式組合起來，其中各個要素都歸屬了某種『相對的份量』（ relative

weight）。意識形態鬥爭的目標，不在拒絕該體系和其所有構成要素，而是去對它作重新構連（ rearticulate ），將該體系打散為各個要素，經由那些已檢查合格的概念來過濾一番，看看其中有那些要素，在對其內容加以調整後，可以用來表達新情境（ new situation ）。一旦完成這一步，這些被選定的要素最後就被重新構連為另一體系。」（註二九）

　　這種意識形態「構連－重(新)構」的原理，似乎正可說明白杰明與張法等（以及王小東）解讀差距所以致生的原因：他們所面對的文化現象雖一致，解讀之構成要素也大體雷同，但其構連方式不同，要素間彼此組合的方式亦有別，以至有些要素被凸顯，有些則被淡化，甚或刻意忽視，經過這一番「過濾」後，所構連或重構之文本自然可以表達很不同的意涵，但都是對此「新情境」（九○年代文化新潮）的不同再現與詮釋。

　　當然，對於這種「新情境」之所以可能會有如此差異的詮釋，除了解讀框架與構連方式的不同外，「新情境」本身亦是關鍵，亦即此「新情境」本身亦在發展中尚不穩定，它同時也涵蓋了不同發展的可能性－包括對立發展的可能性。正如王小東所言「中國的民族主義遠未形成」（註三十），也因此，其構連方式也就儘可以有所差別，民族主義也就可能展現形形色色五花八門的樣式：威權主義的、擴大民主的、政府多干預的、完全自由放任之市場經濟的……。而造成他（王小東）以及張法等與白杰明之間

如此重大之認知差距的，則在於「新情境」這種同時並存的、對立發展的向度：用安格爾（ Jonathan Unger ）的話來說，就是中國民族主義「同時包括了開放的、樂觀主義和仇外的情緒」這兩種對立發展的取向；（註三一）質言之，如果我人扣緊中國當代民族主義發展之具體歷史脈絡來看，則在目前改革開放的「新情境」中，中國民族主義陣容裡所呈現的這種內在緊張關係，實源起於以下兩種不同而又相互矛盾的民族主義形構：一種可稱之為李大釗－毛澤東式的民族主義，另一種則可稱之為孫中山式的民族主義。前者具有強烈的「反帝」取向，雖然往往未以純粹民族主義的形式示人；後者則較樂觀，對「帝國主義」有較大的包容性，但長期以來卻迭遭扭曲，未曾受到應有的重視。

第三節　兩種民族主義－李大釗、毛澤東 VS. 孫中山

在中國現代化的過程中，關於族國建構的論述，有兩種最具影響力的主張，一種是反西方的，或嚴格言之，「來自西方又反西方」的俄式社會主義道路；另一種則是親西方的，可謂是改良式的資本主義道路。這兩種不同的民族主義或族國論述並非純粹思辯的產物，而是要與一定的政治、經濟制度相符應的。前者的政經基礎是「人民民主」和統制之計畫經濟，而後者則是以自由主義的民主和（國

家干預的）市場經濟爲前提。這種多少配套的關係，就使得現實政、經體制一旦有所變革，原先相應之民族主義亦要跟著調整。情形似乎是這樣，由於民族主義論述關聯著作爲共同體之民族集體認同－「我們是誰？」，也因此當共同體之政、經環境改變時，「我們是誰？」也就必須重新定位。果真如此，那麼以下筆者即試圖透過這種連鎖關係，來探討這兩種民族主義及其與中國現實處境的關聯。

概言之，那種具有「反帝」、排斥西方而與俄式社會主義道路相應的民族主義，反映在李大釗－毛澤東之「階級民族主義」的論述中；而孫中山，儘管他的民族主義在初形成時含有某些種族主義的色彩(例如「反滿」)，而在當時列強環伺的情形下，亦不免涵蓋了一定的「反帝」成素，但卻是一種不盲目排他，而終究言之能與西方「他者」相互提攜，攜手並進的民族主義。也因此，當中共今天走到作爲後社會主義之「中國特色的社會主義」道路時，鑒於此社會之過渡性質，使得其民族主義亦同時蘊含了這兩種對立的民族主義向度，也正是因爲在新時代中中共民族主義本身即已包含了這種彼此矛盾的向度，是以當外在條件改變時，當西方之「和平演變」被官方建構爲或被實際想像爲一種主要的威脅時，在這種敵對氣氛的籠罩下，那種具有反帝、排外向度之民族主義才易被構連，被重新凸顯，而親西方的感情這一面向則趨向暫時隱蔽起來，或至少居於次要地位。儘管如此，這種溫和的民族主義的潛力並不會因此就消聲匿跡，它仍是而且在可見的未來也仍然將是構成中國民族主義的重要成素，只要中共仍持續改革

開放，其政、經情勢或更取向於民主法治和市場經濟，那麼就不至於像白杰明那麼悲觀，將反帝之激烈民族主義視爲是今天不論中共政、經情勢如何改變，中國人都不會改變的基本文化態度。

一、李大釗、毛澤東之「階級民族主義」

「階級民族主義」的概念，由阿布都拉‧拉勞依（Abdullah Laroui）所提出，意指在階級鬥爭日益國際化的場景中，一種經常爲第三世界革命份子所喜好採行的，與歐洲對抗的民族主義形式。（註三二）而在中國，這種階級民族主義，又可分爲兩個發展階段，在第一階段，中國民族被視爲是一個爲世界資產階級所壓迫的階級；到第二階段，則進一步在自己民族共同體中去區分革命和反革命階級，試圖將階級利益和民族利益等同起來。（註三三）這兩個階段又分別可以李大釗和毛澤東來代表。

作爲中共創黨元勳之一的李大釗，雖然選擇了馬克思主義作爲中國現代化道路的指引，但與陳獨秀明顯不同，他反對「全盤西化」（包括「俄化」）的救國主張，他相信幾千年之思想文化傳統仍是有價值的。（註三四）這種如何在「西化」過程中保留傳統珍視之價值，本是當代中國民族問題的起源，而李、陳雖然因爲所選擇的是「來自西方又反西方」的馬列主義道路，而多少減緩了「他者化」的困境，但李大釗卻始終堅持馬克思主義中國化。

在＜東西文明根本的異點＞這篇他於一九一八年在
《政治評論》上所發表的文章中，（註三五）李氏即強調
東方文明的不可忽略性，他指出，東方文明和西方文明乃
是世界兩大進步的機軸，如車有兩輪，鳥有兩翼，缺一不
可。這兩大文明的相互融合，將創造出不斷進步的新的第
三種文明。而目前東方文明遲滯了，西方文明也囿於物質
主義的氾濫，這種世界性的危機，除了新的第三種文明的
出現，終將無法克服。俄羅斯由於位於歐亞接壤之交，文
明上實兼歐亞特質而並有之，因此將是唯一能創造此種新
文明而又能同時保存東西文明特質的國家。

儘管在今天東方文明是如此的落後，但李卻認爲落後
也有落後的好處：「亦正惟其文明進步較遲也，所以尚有
向上發展之餘力」。（註三六）——這使人憶起了日後毛
澤東之「一窮二白好革命」，落後反而便於發展社會主義
的觀點。也正因爲此故，中國需要一次精神的再生，此一
過程將萌發自中國之舊文明和當前新文明之中。李的這種
意見相當地反映了一種民族主義的傾向，質言之，亦即一
種將中國民族本質注入馬列主義的傾向。（註三七）這種
可謂源於對自民族文化某些部份堅定不移之驕傲的民族
主義，對李而言，乃是一種防衛機制，可以防止西方文化
之全面入侵和因而肇至之屈辱。

李之民族主義並不排斥世界主義，他對布爾雪維克的
反應是：「俄國今日之革命，誠與昔者法蘭西革命同爲影
響於未來世紀文明之絕大變動」。（註三八）以法國革命
爲喻來說明俄國革命之世界歷史意義，顯見他之重視世界

主義比較是從民族主義之世界歷史意義著眼。法俄革命雖類似，但他強調俄國革命更進步，因為國際主義更明顯，而俄國所出現之新秩序將是未來世界的新浪潮，中國和世界其他受壓迫之社會都會跟進，而中國也將因此得以在世界文明之重建中作出重要貢獻。（註三九）

　　李之選擇馬克思主義，依赫斯頓（Germaine A. Hoston）的看法，主要不是緣於思想理論之信服，而是感情和實用主義的考量。（註四〇）在＜我的馬克思主義觀＞中，李批評馬克思主義的勞動價值觀，但對其階級鬥爭理論卻甚肯定，而其中李一再強調的就是：馬克思主義之殊勝處在於它能真正凸顯人類精神和自覺這一面。（註四一）李本來對當時流行之「天演進化論」（強調「物競天擇」、「弱肉強食」）即深表反感，而傾向於無政府主義者克魯泡特金之「互助論」，但這種強調在民族共同體內的合作互助，並未阻礙他對馬克思階級鬥爭觀的接受，他將之用於民族間的鬥爭。（註四二）這種比附方式，使得中國之民族主義可以和馬克思主義的國際反帝鬥爭相結合，但又不至於因階級鬥爭而妨礙了民族統一獨立的目標。費茲傑羅（John Fitzgerald）如此來說明李的用心良苦：

　　　　（他將）當代之階級鬥爭定位在國際關係的領域。階
　　　級分析的單位乃是民族自身：遭受帝國主義壓迫的民族，
　　　被貼上國際「無產階級」的標籤，而壓迫他人的民族則被
　　　認為是組成了超國家的「資產階級」。在此，階級的概念

被用來將中國之世界身分建構為一獨特的階級民族
（class nation）。（註四三）

　　他完全瞭解他對唯物史觀所作的這種順應現實的表
述，會輕忽了對中國自身革命中階級鬥爭的展望。事實
上，這正是關鍵所在……這有助維持現代統一民族之理想
或傳統儒家之社會和諧的理想。（註四四）

　　雖然，到最後，這種「統一民族」和「社會和諧」的
理想，都無法在第二階段毛澤東的民族主義概念中繼續維
持，但李的這種「階級民族主義」，仍在三個方面，影響
了毛的觀點：

　　第一，中國雖落後，但到社會主義之路反較更便捷。
通過這種可謂是「階級民族」的想像，馬克思之社會主義
革命，就可以和資產階級之民族革命掛勾，而從根本上消
融了馬克思無產階級主義和中國落後之現實及其民族問
題這兩方面潛在的衝突。換言之，這其中蘊含了一種類似
托洛斯基和列寧所謂「不斷革命」或「不間斷革命」的觀
點，但列寧和第三國際認為這並不適用於中國，而李大釗
卻否定資本主義的必然性，堅持中國雖落後，卻可以走「非
資本主義道路」，直接而迅速的進到社會主義社會。至於
馬克思的歷史的分期，對李氏而言，乃是一種提議，建議
後發展之民族可以拒絕所謂資產階級民主政治和生產手
段之私有制。（註四五）這對毛的影響是後來他在＜新民
主主義論＞（1940年）中表示，儘管中國經濟落後西方，
但它到社會主義之路，將不包含建立資本主義階段的制

度，而是建立「以中國無產階級為首領的中國各個革命階級聯合專政的新民主主義社會。」（註四六）換言之，不用等幾十年或幾世紀，待資本主義及其民主制度成熟，才著手無產階級革命。毛在這裡，即或理論上與李不完全一致，但就其策略之實踐而言，確是一脈相承的。

　　第二，農民主義傾向。對許多人而言，鄉土中國才是真正的中國，而農民則是鄉土中國的象徵。李大釗的民族主義取向，也使他一貫強調農村對中國民族復興的重要性。在一九一九年，李曾經像俄國「民粹派」那樣，呼籲青年到農村去，與農民一起工作，將「現代新文明」媒介給農民，協助他們「謀自衛」、「結互助」，並教他們民主自治。李並且認為現代都市文明並不適合於青年，因為都市「有許多的罪惡」、「黑暗面多」；而農村中則「很有青年活動的餘地」，因為「鄉村中的活動，全是人的活動」，農村那種「炊煙鋤影，雞犬相聞的境界」正是「青年安身立命的地方」。（註四七）一九二五至二六年間，李又對革命知識份子之疏離農民群眾表示關切，再次強調了農民在國民革命中的核心角色：農民在經濟落後和半殖民的中國佔了全部人口百分七十，農業仍是國民經濟的基礎，對革命力量進行估算時，不可忽略農民。（註四八）李之醉心農民革命，使得他雖然重視中國無產階級之國際地位，但他也只將這種無產階級主義主要限於國際而不是國內。反之，在國內，他強調的則是：在農村中國「大多數勞工階級就是那些農民。」（註四九）

　　這種農民主義後來為毛澤東所繼承並發揚光大。毛不

僅將「人民民主專政」中「人民」的定義加以擴大，使得農民可以被涵蓋進來，而且認為農民還會成為民主和社會兩階段革命中的主要力量。這與列寧之主張社會主義革命階段農民之反動保守傾向的判斷完全相違，與馬克思之無產階級主義更是背道而馳。至於向農民學習方面，毛則不僅提倡，且強迫文化人、知識份子和幹部下放農村，「接受貧下中農再教育」，甚至以「不開飯」相要脅。（註五〇）與李類似但更激進，毛深信農民蘊藏有社會主義的積極性，農村生活有助於社會主義意識的培養。毛的這種「農民馬克思主義」甚至使得柯拉科夫斯基（Leszek Kolakowski）認為，毛實際上是「以農民取代普羅作為最革命的階級」，「以農民作為不受分工破壞之『全人』的極致表現。」（註五一）撇開馬克思主義不談，單就民族主義而論，毛對李之農民主義的繼承，或許還因為他生長在農村，深知近代中國農村人民普遍具有保守排外之心理，因而極富反帝反殖的潛力。（註五二）

第三，重視階級意識、精神修養。李大釗之所以重視馬克思的階級鬥爭論而批判其勞動價值理論，一個關鍵的原因即是在於前者可以透過「階級意識」的概念，來凸顯人的活動和人在歷史中的角色，質言之，即人之意志和其他精神要素。這種重視「意識之首要性」的觀點，早先在他論及中國重建時即是如此－他一再強調需要精神的再生，需要自我覺悟等。他的「農民主義」亦不免關聯到這種「志願主義」（voluntarism），一方面，他相信農民會自發性的趨向合作，他也肯定他們的這種努力，但另方

面又堅持如果要符合革命需要的話，仍有必要由知識份子自外邊去提高其意識，諸如：「要注意到鄉間文化提高的問題」，要「作種種普通常識及國民革命之宣傳」以及「要開辦農民補習班」等。（註五三）這種對「意識」的重視，不僅符合中國人重視「修養」重「君子之德」的傳統，亦有助於李之階級民族主義的立場，在此，「階級」成份的認定不再囿於其社會、經濟背景，反之，卻可以通過其精神的再生，通過其自覺心的開顯而達至社會主義的意識。事實上，這正是毛思想最主要之繼承所在，毛也正因為一再的強調「意識」強調「覺悟」，以至在他的馬克思主義中，農民、知識份子以及小資產階級、民族資產階級等，都可以藉由「思想改造」或「思想學習」而得具備無產階級意識，如此，不僅民族民主革命階段可以和社會主義革命銜接起來，而且有助建立一種儘可能包含整個民族在內的社會主義。（註五四）

　　除了以上三點影響外，前述李的這種觀念－中國青年到農村去向農民學習，革命知識份子不應脫離群眾，亦可視為是毛之「群眾運動」概念的先驅。因為毛之「群眾路線」其實質用意固然是一種政治運動，以服務黨所界定之目標，但它同時也是一種避免黨領導腐化的手段，也就是說，在革命過程中，要相信生產勞動之一般人民的素樸智慧，以避免為抽象之理論知識所框限。這其中，當然包括了佔勞動人民中絕大部份的農民，更何況，農民群眾再現了真正的中國－鄉土中國，且未曾為西方（包括西方曾佔領過的城市）資產階級思想所污染，故而可謂是毛之「群

眾路線」真正的對象。正是在這裡，筆者所認為毛之「群
眾路線」亦受惠於李之觀念。（註五五）

　　如是，李大釗之「階級民族主義」對毛之影響確可稱
得上是至深且鉅，如果要用一句話來概括這種影響，那就
是通常用來給毛思想定位的這句話－「馬克思主義中國
化」。不過，正如本節一開始筆者就已指出，這一「中國
化」的過程，究其實際，又可分為兩個發展階段。第一階
段旨在使中國民族被視為是一個受世界資產階級所壓迫
的階級（民族），毫無疑問，這主要是李大釗的工作；而
第二階段則是要在中國這個民族共同體內去區分革命和
反革命的階級，也正是在此階段，現代統一民族之理想和
儒家社會和諧之理想，都無法再予維繫，而毛則是此階段
的代表人物。

　　對毛而言，「馬克思主義中國化」乃是要在馬列主義
之理論和中國革命之實踐這兩者間，釐清其「正確關係」。
這一方面要涉及調整或修正馬列主義，以合乎中國國情，
合乎其歷史文化之特殊處境，而另方面又涉及要在馬克思
普遍發展之歷史架構中，指認出中國之歷史經驗，以合法
化中共之革命。（註五六）就前者言，上述毛之重視人的
意識、突出農民及其「不斷革命」乃至「群眾路線」之理
論及策略等，都可謂是此方面的重要工作。而就後者言，
為了調適這種普遍發展之歷史架構的需要，中國豐富的歷
史文化傳統就被極其草率的判定為「封建」傳統，是需要
予以揚棄乃至破除的對象；而資產階級的民主革命亦被策
略性作出新、舊的區分，其中新的資產階級民主革命，卻

應由共產黨來領導，俾使民主與社會兩階段革命都能在共黨領導下「畢其功於一役」。

如是，馬克思主義一旦按上述的方式「中國化」，馬克思主義不但可以成為批判西方現代性以及反資反帝的利器，而且可以成為分化民族共同體並因而掌握共同體之合法領導權的利器。換言之，李大釗還只是表現為想像的「階級民族」，而到毛澤東手上，經過理論的修補和策略的應用，將之具體化，成為現實中「反帝」、「反資」、「反封」以維繫「階級民族」之利益的工具。然則，也正是此一具體實踐具體檢證，所謂「階級民族」在理論上所維持的表面平衡就破壞了，其矛盾與內在緊張日益深化，終至無法再予以維繫，這其中一個關鍵環節即在於「階級鬥爭」理念本身及其相關之「區分敵友」和「衝突合法化」（to make conflict a legitimate element）的概念。（註五七）

我們已知，李大釗之重視馬克思主義不在於其經濟理論而在於其社會理論－階級鬥爭論，這是因為後者凸顯了人的價值、意識的能動性，這點完全為毛所承繼，並成為毛思想中最凸出的一項特點。（註五八）因此，當「馬克思主義中國化」已成為一現實時，它同時就意味著階級鬥爭此一理念之具體落實。在國際政治上，它表現為最初是「一邊倒」以及後來之「三個世界」的理論，以符應「反帝」鬥爭形式變化的需要。這裡，儘管鬥爭形式有所變化，但都未曾跨越李大釗設想之「階級民族」的範圍；然則，當階級鬥爭及其相關之「區分敵友」和「衝突合法化」的

概念，被運用於民族共同體內部時，問題就發生了。在「區分敵友」方面，這表現爲：封建的、剝削的傳統文化 vs.革命、反封的新文化，資產階級、帝國主義反動的新文化（指「五四」以前的新文化） vs.革命的、反帝的、民族的新文化，（註五九）反動的漢奸、地主、買辦 vs.革命的工農階級和城市小資產階級、民族資產階級，紅五類 vs.黑五類，人民內部矛盾 vs.敵我矛盾，紅 vs.專，社會主義 vs.修正主義，革命造反派 vs.黨內走資派……等。這種不斷在民族共同體之文化思想傳承、全體成員乃至黨國內部所進行的對「敵友」以及「革命－反革命」的區分，就進一步爲共同體內之「衝突合法化」的需求提供了必要的前題。經由種種思想改造、清除階級異己、文化革命等「反封」、「反資」、「反修」的群眾運動，激發並強化了近代以來中國民族本已澎湃的民族主義情緒，這種爲白魯恂（ Lucien W. Pye ）在當代中國人身上所發現的普遍存在著的「恨的感覺」和「團體的情緒主義」，（註六十）通過毛的可謂是「革命民族主義」－在其中，強調了對敵人之恨和怨憤－就找著了「恨的合法性」及「不滿的出路」，也因此，梭羅門（ Richard H. Solomon ）認爲，毛的「革命」乃是一種「情緒風暴」，藉著群眾動員，激發情緒，孤立並打擊敵人，在此過程中那種負面的情緒也因而得以宣洩。（註六一）

　　如是，通過「階級鬥爭」，通過「區分敵友」，通過「衝突合法化」的過程，民族共同體內之「封建」文化就外部化了，而外在之「帝」、「資」、「修」也都因爲在

國內找著了作爲其替罪羔羊之「代理人」而內部化了，這種由「革命民族主義」所激起並昂揚的「排外」、「反外」的強度，就在這種同時破壞傳統文化之「社會和諧」及近代「統一民族」這兩種理想的過程中，被巧妙的轉化了，並且得到了宣洩，換言之，亦即階級革命的普遍原則綜合了民族主義的特殊原則，「排外」、「反帝」不僅可以在「國際主義」、「世界革命」的旗幟下被包裝、掩飾，而且也確實經由此「內部分化」、「外部敵人內在化」的過程，轉移了攻擊鬥爭的焦點，這或許是過去「革命民族主義」高漲時期，「反帝」聲浪雖然不絕，但各國「毛派」仍予熱烈支持之故；這也多少可以回應一下大陸學者劉青峰對文革「排外說」所提出的質疑：文化大革命中的確存在著某種形式的「華夏中心主義」，但卻很難用單純的「排外」來理解紅衛兵的行爲。（註六二）

儘管如此，毛的「階級民族主義」（或「革命民族主義」）中仍毫無疑問地蘊含了鉅大的「排外」、「反西方」的潛力，一旦黨國確定了當前「國內的主要矛盾，已經不再是工人階級和資產階級的矛盾」，而把「工作重點轉移到社會主義現代化建設上來」，另方面，國際「反帝」之階級鬥爭也隨著中共之納入世界體系而日趨淡化，那麼，原先這種「極左」之階級民族主義，就不免表現出某種共黨統治前的右翼形式，這在許多後共黨之東歐國家中都可以發現得到：就其典型言，它是一種前現代的，族裔的（ethnic），拒絕啓蒙之價值，反科技，反人類平等，反個人自我表現以及城市文化的民族主義。（註六三）這

種「左右並呈」的現象，也就可以解答前文中的一項疑問：何以在民族主義思潮高漲之際，臺灣和大陸所擔心之「左」派回潮，在白杰明的論文中卻遍尋不著？反之，白文擔心的卻是左派理念的日益消退，勢必減少對民族沙文主義的監控作用。

當然，隨著政經體制和社會結構的變遷，這種極端的民族主義情緒並不易有著力點，其意識形態亦不易被構連，然則，我們也不能因此就掉以輕心，畢竟這種極端的情緒及其中蘊含之「華夏中心意識」和「義和團情緒」從未真正被清算過，反之卻以種種不同之形式（如階級民族主義）保存下來，一當「反帝」矛盾再次被激化，一當「和平演變」被建構為一「真實的想像」，或「中國威脅」被過度炒作，那麼這種潛藏之情緒仍然隨時可以被引爆，（註六四）而此時，既缺乏「無產階級世界革命」這個普遍主義原則的中介，（註六五）外在敵人也不再內部化了，通過改革開放，原先「閉關自守」中被絕緣的「帝國主義」，現在則是「面對面」了，在這種情況下，反帝排外情緒一旦爆發，勢必排山倒海，較諸「革命民族主義」時期，必然更見真實且更直接更強烈，這或許可以說明何以今天大陸之民族主義浪潮，對中國人言，還只是風吹草動，但對西方人言，卻已是風聲鶴唳了！

二、孫中山式的民族主義

當階級民族主義，隨著改革開放的腳步，逐漸淡化其

階級符咒，並轉而整編了若干文化民族主義的成素時，（註六六）另一種具有現代政治民族主義內涵的孫中山式的民族主義，亦在其政經條件的逐漸具備下，悄然登場。

　　這裡所謂政、經條件是指政治民主化與市場經濟。改革開放的核心本在兼採市場經濟，這點自不待言，然則，所謂「政治民主化」又何所指？在階級民族主義時代，並沒有西方意義的民主，所謂「民主集中制」或「群眾路線」，都無干於一般民主法治國家的公民所熟悉的那些原則或制度：正當法律程序、司法獨立、制衡、基本人權。這與馬克思、恩格斯的看法不同，他們雖然批判資產階級民主，但仍肯定其保障人權、自由之制度。（註六七）那麼，進一步的問題是：改革開放以來在這方面是否亦有所改進呢？情形似乎是這樣，儘管西方一再批評中國大陸之人權狀況，但中共始終以「國情不同」為由予以堅拒，並且認為這是西方霸權干預中國內政的明證，而今天大陸內部民族主義高昂亦多少與此有關。然則，狄特馬（Lowell Dittmer）、金（Samuel S. Kim）、威爾森（Richard W. Wilson）等的研究卻顯示：不論中共如何抵制與反抗，中國大陸之人權觀念和狀況確實有所改變，尤其是在一九八九年天安門事件之前。（註六八）狄特馬和金指出，中共在一九七九年時尚視人權為資本主義國家資產階級專政的手段，以及對社會主義國家進行意識形態滲透之合法掩蔽物，但隨後很快的理解到這是世界政治的一部份，關係國家聲譽，因而在一九八二至八八年間批准並承認了國際間有關保障婦女、反對種族歧視、虐待等多項人權協

議。換言之，至少在概念上和法律上，中共不能以國內司法管轄權或殖民主義、帝國主義之結構暴力或國情不同為藉口，來違反人權。而事實上，中共也由對人權觀念的擴大，而對內部日益增高之人權呼聲，不再採取過去那種斷然否定和高壓的方式，改而採取更富技巧和機會主義的辦法。但八九民運後，則似乎又回到一九七九年的立場。而威爾森的研究則顯示，即或在鎮壓民運時，中共也迥異於過去，而是以維持法律和秩序之名來為其血腥鎮壓辯護，這顯示中共對法律之文化意義已有相當的改變。（註六九）

　　威爾森所謂的法律之文化意義的轉變，是指從過去毛澤東時代對法律之「責任義務」式的理解轉向目前「權責相符」的法律觀。據威爾森指出，在共黨統治之初的三〇年，特別是一九五八至一九七八年間，中共對政府－人民（國家－民族）間的關係，強調的是階級地位、公民責任。而所謂「權利」，尤其是「消極權利」則根本未予以正視。「法律之前人人平等」，不僅實際上而且理論上都不存在，即或到了一九七九年後期，「人權」亦不被視為是人本來應有之權利，而是國家賦予和規定的權利。概言之，「人權」是從集體，從社會－經濟面向，從需要這方面著眼，而非從個人、市民－政治的面向和權利這方面著眼。這是一種責任義務取向的法律觀，以絕對服從為最高道德，而不同於民主法治國家之權利中心的（right-centered）觀點。但後毛時代，特別是八〇年代，不論家庭內外，這種責任取向的觀念都有重大的改變。（註七〇）

　　新發展之權利概念表現在家庭最為明顯。過去基於年

齡、性別的責任取向的傳統觀點，越來越爲新的強調「平等」作爲團結基礎的權責觀所取代。而在八九民運中，則更進一步的反映爲學生要求憲政公民權並和當局進行平等對話。學生的作爲亦始終符合「平等、理性、非暴力」之民主形式。因此，威爾森強調，這種責任－權利之文化意義的轉變，才是關鍵的，不論中共之法治如何脆弱，也不論八九民運是如何被鎮壓，中國人在這方面之世界觀的轉變，其所產生之效果，都會是重大而深遠的。威爾森相信，目前中國人已發展出一種基於「人人平等」再併合「共同體之理想」這種新的民族認同意識。（註七一）威爾森的觀點是有道理的，即使在九〇年代新權威主義當令之際，代表這種立場的《戰略與管理》雜誌中，如前述已指出的，亦不乏要求自由民主之聲，儘管他們也承認威權的重要性。（註七二）保守刊物尚且如此，其他較自由立場的如《讀書》雜誌等就更不用說了。

儘管人們在觀念上，對民主自由和法制的認識已跨出一大步，但從理論到實踐畢竟還有一段長路要走，在一種民主的公領域制度化之前，對於此處所探討的這種不排外的且具反省意識之民族主義，能夠從現實中給予支持的，主要還在於現行之開放政策與市場經濟體制。

在過去「革命民族主義」的思路中，市場經濟、商品交換都是嚴格禁止的，與外國人從事經貿活動者，皆不免有「漢奸」、「買辦」或「階級敵人」之嫌。這種激進的「反帝」方式，不僅馬克思主義中沒有，即在列寧主義中也不易發現，其邏輯推到極致，即是日後毛澤東所執行的

走非市場的、「自力更生」的現代化道路。（註七三）而今天中共之接受外資、技術並兼採市場經濟且日益擴大其範圍，這種轉向明顯的放棄了過去「經濟上的反帝」；更何況，在此種迅速經濟自由化之過程中，亦產生了許多有利民主化的因素：例如經濟發展本身的較高水平，經濟結構的多樣化，城市化的發展和信息的流通傳播等等，（註七四）就此而言，市場經濟的採行不能不看成是當前所謂「開放的、樂觀主義」之民族主義的一個重要環節，對於可能高漲之「排外」情緒有緩和的作用。而在中國，這種主張在經濟上與帝國主義合作，以共同開發中國實業的首倡者，就是孫中山先生。

與馬克思和霍柏森（ J. A. Hobson ）一樣，孫中山也認為，資本主義的發展將不會限於一國或一個地區，而會迫使整個世界都進入資本主義工業化的範圍。因此，它雖然是帝國主義，有威脅性，但孫中山和其同志－戴季陶、胡漢民、朱執信等，並不拒絕它同時可以帶來的好處：迅速工業化、現代化的潛力。他們認為關鍵問題，不在於去和對方搞階級鬥爭，而是如何去控制帝國主義的掠奪，但又容許市場導向之外資流入、資產形成以及出口貿易。（註七五）

早在一九〇四年，孫中山和其同志們就在討論：需要發達工業國之資本和技術的轉移，以持續中國的經濟發展和成長。（註七六）民國建立之後，孫中山仍不斷鼓吹此觀點。民國元年四月，在論＜民生主義與社會革命＞時，他即表示，「欲興大實業，而苦無資本，則不能不借外債」，

「中國一言及外債，便畏之如酖毒，不知借外債以營不生產之事則有害，借外債以營生產之事則有利」，他並舉美國、南美、日本借外債而發達爲例證。（註七七）同年九月二日在演講＜速修鐵路以立富強之基＞時，又強調：「今日若能修築鐵路，惟有歡迎外債，不能反對外債」，「鄙人深信外債之不足以禍國……借債修路於中國有百利而無一害。」（註七八）隔兩日，在論及「門戶開放主義」時，又以緬甸爲例，說明它之能維持其獨立，即在於門戶開放，使其國中「礦山鐵路，皆准外人經營，不加以種種限制，因開放小者，而獲保全大者」。因此，中國之鐵路工廠、兵工廠、鐵路，既然缺乏資金，就應「與外人合辦」，利用「外資」。否則「自己不能辦，又不准外人辦；然一旦外人向我政府要求，或以政府之名義向我政府要求，我又無力拒絕，終久仍歸外人之手。」（註七九）

從前面孫中山之片斷言論中，我們可以窺知，當時反對借用外債者，不乏其人，孫中山則批評這是「閉關自守主義」，在今日世界將無以自立。（註八○）他評論張之洞之畏外債建鐵路一節，今日讀來，尤令人感嘆良深，他如此表示：

「昔張之洞議築蘆漢鐵道，不特畏借外債，且畏購用外國材料。設立漢陽鐵廠，原是想自造鐵軌的，熟知漢陽鐵廠屢經失敗，又賠了許多錢，終歸盛宣懷手裡，鐵道又造不成功，遲了二十餘年，仍由比（利時）國造成，一切材料，仍是在外國買的。即使漢陽鐵廠成功，已遲了二十

餘年，所失不知幾何。」（註八一）

這段話簡直像是在對毛之「土法煉鋼」、「自力更生」政策作警告，而反諷的是，它竟是在這些錯誤政策施行前五、六十年，即已提出，而歷史竟是在幾十年後重演，且是以更具規模的形式，更慘痛的代價重演。當然，這也可見，毛之階級民族主義所蘊含之盲目反帝心態，在中國可謂其來有自，並非只是他個人的問題。在此種心態居於主導位置的情況下，任何與西方合作以開發經濟的主張，都不免被戴上「漢奸」、「買辦」、「走資派」的帽子。

很明顯，作爲中國民族主義的創導人，孫中山反對這種「盲目排外」形式的民族主義，反之，他認爲，在敵強我弱的情況下，唯有與對方經濟合作，才能自我保全、自我發展。孫中山之所以採取這種「開放的、樂觀主義」的民族主義立場，其關鍵還在於他對「帝國主義」的定位與馬列主義者不同。依他的看法，所謂「帝國主義」即「因政治力去侵略別國的主義，即中國所謂的勤遠略」，「歐洲各民族都染上了這種主義，所以常常發生戰爭」，「強盛的國家和有力量的民族，（目前）已經雄佔全球，無論什麼國家和什麼民族利益，都被他們壟斷。他們想永遠維持這種壟斷的地位，再不准弱小民族復興」。（註八二）

依朱執信的闡述，孫中山的立場，實際上是將「帝國主義」看成是某些民族之領土擴張野心及追求國際安全的這種「政治表現」，而不是像馬列主義的立場，將它看成是「經濟」變數之必然作用或「資本主義之最高形式」無

可避免的結果。戴季陶也不認為帝國主義是經濟現象,而認為就中國之經濟壓迫而言,主要還是因為國際政治上壓迫的結果。(註八三)

　　既然帝國主義的壓迫,其根源不在於經濟,因此「反帝」就只限於政治層面,而不涉及世界無產階級與資產階級的鬥爭,中國儘可以利用帝國主義之資本、技術、人材,乃至歡迎國際共同開發中國實業的方式,來促成中國之工業化、現代化;但另方面,必須在政治上掌握自主性,以對抗並防止其剝削。這也就是所謂「發展之權操之在我則存,操之在人則亡。」(註八四)如何才能操之在我?孫強調要有主權,而開放政策本身,就有助於收回主權:「最好行開放主義,將條約修正,將治外法權收回,中國有主權,則無論何國之債皆可借,即外人之投資亦所不禁」,(註八五)「暹羅……亦因門戶開放,遂得獨立,收回領事裁判權。」(註八六)其次,他又強調,「用外人辦理工商事業,乃訂立一定之期限,屆時由我收贖,並非利權永遠落於他人之手」,(註八七)這也就是他所謂的用帝國主義之資本人材必須「我有統籌全局之計畫」,「我有計畫,我始能用人,而可免為人所用也。」(註八八)當然,歸結言之,還是需要政治之統一:「尤其重要者,則為保障統一之真實,蓋中國統一方能自存也,一旦統一興盛,則中國將列於世界大國之林,不復受各國之欺侮與宰制。」(註八九)而統一又需以強兵為保障,外交上亦得與主要強國如日本、美國親善,以「銷兵解仇」,但最後關鍵還在於國民有「獨立不撓之精神」,需要一積極而普

遍爲人民支持的民族主義，來提供共識，以支撐政府之反外國剝削的努力。（註九〇）而中國「民族主義」之興，則又涉及中國人的覺醒，覺醒到當前之危機，列強的壓迫，是生死存亡之問題，進而發揚民族固有道德和智能（即傳統文化）才能恢復民族地位。但人民也要有政治權力（民權）監督政府，並通過制度設計（權能區分），使人民「改變態度」去支持一「有能的政府」，讓政府有能力去採取「增加關稅」等方法，以抵抗外國的經濟剝削。（註九一）

如是，我們可以如此說，通過文化民族主義和政治民族主義的結合，使一個以武力爲後盾的國家，得以在民意的普遍支持下和外交的運用下，去利用外資、技術、人材，並藉著種種週詳的計劃去提高外國之剝削成本，對關稅和通貨的變動進行控制，對國際兌換、投資等加以監督，如此，一個低度開發國家，也可以通過市場經濟的辦法，來發展工業化、現代化，並兼顧投資國之利益。（註九二）

依葛雷格（A James Gregor）的看法，孫中山這套構想，超越了古典馬克思主義對帝國主義的看法，因爲後者只說西方資本主義將無可避免的征服東方，雖然東方國家之生產方式也會因此革命化，但卻未像孫一樣提出一套回應的防衛策略。而追根究底，還在於孫及其同志不認爲帝國主義只是一種經濟現象，而是政治力所造成；文化上和政治上的整合，並不會被「經濟決定」－主權必然讓渡，本土文化必然被摧毀；反之，他們認爲政治主權，文化之延續是可以透過當下的努力而達成的。（註九三）

孫的這種對人的意識和意志的重視，當然可謂和中國

傳統之重視「德行」、「修養」有關，然則，同樣都是重視「德行」、「修養」，重視人的意識與意志，李大釗和毛澤東卻選擇了「階級民族主義」，採納了一種甚且比列寧還激進的「反帝」排外立場，以至到最後，這種「閉關自守主義」不僅造成了經濟的凋蔽，且妨礙了政治建設的現代化。而孫中山，由於他始終堅信「市場主導之國際經濟關係，本質上非剝削性的」，而開出了一種較具包容力的，在經濟上甚且可與「帝」合作，而又能兼顧政治之民主化的民族發展道路。

儘管如此，孫的這種民族主義觀點，長期以來卻未曾受到應有的重視。概言之，西方學者一論及孫之民族主義，往往喜歡斷章取義的強調其種族主義，卻完全不顧及其時代處境；（註九四）對於其重視傳統文化部份，亦多一筆帶過；對於他之「反帝」立場以及期望與西方共同開發中國之實業的觀點，則或遭扭曲或則根本聞所未聞；至於他之珍視「資產階級民主」制度以至蘊含有一政治民族主義的主張，就更不必提了。倒是葛雷格，既注意到孫對市場經濟的信念，使他提出了這種不盲目「反帝」甚且還與「帝」共同開發中國經濟的構想，而且，葛氏也注意到孫之民族發展道路中的民主政治立場：

> 「孫中山深知市場經濟之日益成長和政治之民主化，具有緊密的關係……孫對未來中國所主張之體制，乃是這樣一種體制，在其中，自由的法規、私有財產、國際貿易和以市場為基礎之成長策略，最終都得仰賴一種民主

體制來維護之,而此民主體制,又將隨著工業化和具體之經濟發展而日趨成熟。」(註九五)

就此而言,孫之民族主義乃是一「發展性」的民族主義:隨著民族國家的日益茁壯,物質條件日漸豐盛,強調之重點也就由最初的種族差異,轉爲文化差異,最後則趨向成熟的、現代的政治民族主義。當然,也正是從此種連鎖關係著眼,吾人才得到這樣的論點:隨著中共轉而採行開放外資、技術與市場經濟的政策路線後,經濟得以迅速發展,而給民主化提供了種種有利的條件;因此,儘管受到當局的壓制,但人權、民主和法治仍然得以在觀念上取得了重大的進展;而知識界不時出現之民主呼聲,以及對當前過度民族沙文主義的省思,也再再都給吾人顯示,相對於重新整編了文化民族主義的階級民族主義而言,一種孫中山式的、趨向政治民族主義的成素亦日增其份量,只是在當前高漲之民族情緒中不易被構連。當然,其中最關鍵的因素,還在於中共本身的抵制。然則,這畢竟是無法抵擋得住的,正如葛雷格所指出的:北京始終堅持孫中山不瞭解帝國主義,對帝國主義存有幻想,但既然目前他們已經接受了孫的從帝國主義處借用外資、技術的觀點,那麼對孫中山的抵制,只好集中在其民主政治哲學方面了。北京擔心的是隨著外資、技術之引進而滲透的「資產階級民主」,而孫中山則深知二者之不可分,「事實上」,他總結道:

　　「當大陸之經濟變得越來越市場化,越來越複雜化、

多樣化之際，這種一黨專政之局面，還能夠繼續維持而不出問題，實在令人難以想像。」（註九六）

第四節　文化認同、民族主義與文明作風

　　不論是李大釗－毛澤東式的民族主義，還是孫中山式的民族主義，其題旨，終究言之，都不外乎是要解決「中國往何處去？」的問題，質言之，亦即中國之現代化，究竟要走「反西方的」、「自力更生」的道路，抑或是「不排斥西方」甚且「親西方」的道路？就文化發展言，這涉及「本土化」和「他者化」之分際應如何定位的問題，過度強調前者而貶抑後者，會形成一種區域主義（localism）、特殊主義（particularism）取向的「我族中心作用」（ethnocentralism）；反之，過度強調「我」、「他」不分，則易形成抽象的普遍主義（universalism）、空蕩而不切實際的世界主義（cosmoplitanism）。（註九七）在此，不同之文化發展進路，實關聯到個人之「自我認同」（我是誰？）以及集體之「我群認同」（我們是誰？）。

　　對於「自我認同」之形構，不論就個人而言或就集體而言，都不宜只偏著於一種特殊主義或只偏著於一種普遍主義。任何特殊之認同，都有必要參照普遍性認同，而超越「區域主義」或「部落主義」之侷限，藉由體現並履踐

某些確定的普遍原則（平等、自由、天下爲公、全人類的解放等）來提昇自我；反之，任何普遍性之事物或原則，亦必需通過特殊、具體之歷史處境，方能被體現（被體認、被解釋、被履踐），否則終不免流於空泛不實、陳義過高、曲高和寡的理想。（註九八）這種特殊性與普遍性的對立緊張關係，不必要也不應該被泯除，而（個體或群體）自我正是在此種對立緊張的關係中，不斷的通過對歷史文化敘事的揀選、重建以進行自我解釋、自我揭示及自我體證、自我履踐，並因而得以開顯自我，成就其獨立自主之人格。而文化亦正是在此種張力場中得到創造和發展。

　　當一個政治社會通過其政治權力的支配和壟斷，來對人們認同有關之歷史文化敘事作統一性的規定時，這種獨白的「自我封閉」的取徑，不僅會在其成員之政治認同上導致僵化、膠固，使自我不得開顯而終至扭曲，同時也會因爲這種對歷史文化之「記憶」與「遺忘」的強求統一，而肇至了意義的喪失與文化創造力的萎縮。（註九九）這一方面是因爲共同體成員之解釋、批判、重建其歷史文化傳承這種文化創造的活力，勢將因此而遭受斲傷、窒息，而另方面則在於它限制了「我群」之從「他者」處得到對其歷史文化傳承之不同解釋、批判、反省、解釋與重構的機會。在此，文化領域內的諸種基本活力，當其對立緊張之「話語場」被取消後，都被「整合到一個民族主義的基本立場中去」。（註一〇〇）

　　反之，這也絕不意味著一種普遍主義的理想，就必然有助於文化的創新與發展。一方面，它可能只是一強權合

理化其侵略或干預他國的意識形態－譬如中國大陸對美國「人權」外交之指控；另方面，它可能會破壞落後國家為發奮圖強，抵制先進國家之經濟與工業生產體制之壓迫時，所創造的「民族主義」的意識形態。這種以政治力創造出的民族整體認同，它透過強化歷史的記憶與內部族群的區域主義，而得強力動員其國民從事經濟建設。（註一○一）因此，一種普遍主義的理想要能發揮積極作用，亦有其條件限制，通常是在這種經濟建設有一定成果後，才會產生種種有利其發揮功能的必要條件。就中國大陸而言，這意指經濟自由化所產生的許多有利人權、民主化的因素：譬如經濟結構的多樣化、城市化的發展和信息傳播之普及等。當然，這種有利條件越具備，普遍主義理想的引進也就越少阻力，既不妨礙經濟的發展，亦得免於或減緩了強國意識形態霸權之控制。也因此，誠如某位大陸學者所指出,「政治民主化」固然是「近代政治發展的規律」，但對當前中共而言，「要害不在於經濟發展是不是給政治發展（民主、人權）提供了基礎，而是下一步的可能政治變革會不會保障經濟的持續繁榮」,（註一○二）換言之，普遍主義的理想也要儘可能地兼顧特殊的「國情」，必須能落實於一具體的生活環境中，並為生活於其中的人與團體所理解與解釋，惟其能與這種特殊之文化型態與內容相互涵容，普遍主義之原則才能具有實踐效力，才不至於因與歷史文化傳承的扞格不入，而破壞了既有經濟成果。也正是在此種對立中仍保有一定程度之統一的這種形式的「張力場」形成之後，在特殊的、具體的歷史文化傳承也

同時被承認、被正視後，文化的發展創新才會有前景，畢竟「人類之所以能夠表現深刻與具原創性之思想，在某種程度上，必須受他生活之文化傳統的涵養與培育。文化傳統之資源一旦貧瘠，人的創造力－即使是科學技術的創發力－也會跟著萎縮」。（註一○三）

如是，普遍主義與特殊主義、「本土化」與「他者化」之兼容並蓄、互容互攝，才能保證文化之創新發展所必要之基本張力，也只有在此基礎上，經濟的繁榮才能持續。就此而言，當中共舊的「組織的控制」「還具有相當的整合能力」時，是否要立刻著手「建設新的組織形態」（按：指民主公共領域之制度化），以至冒上可能體質不適而破壞經建成果的風險，（註一○四）這確實是一個問題。然則，此一考慮決不意味著目前在文化認同上的膠著與僵化，以及現時過度凸顯的「排外」的民族主義向度，因而可以被合理化。事實上，在官方「愛國主義」以及「反和平演變」的強力渲染下，所掀起的民族自我膨脹情緒和「排外」取向，不僅拒絕了從「他者」處可能提供的，對其膠固、僵化之文化認同的批判與反省，同時也緊縮了內部成員對其歷史文化傳統的自我揀選、自我詮釋並從而自我開顯的空間，這種趨勢如不能適時加以抑制，任其擴張的結果，勢將剝奪其民族共同體成員，通過此種在其生活世界中互為主體的、相互承認的溝通行動，以成全其民主自立人格的機會，同時也阻礙了此共同體中民主政治文化的涵育與形構，從而進一步的正當化了現行威權體制的不民主作風，這不僅使得公共領域之制度化遙遙無期，而且還會

因而肇至文化創造力之萎縮，並終將破壞經濟之持續與繁榮。

　　因此，就目前而論，在文化場域內，去維持這種必要的張力，雖然尚無法經由民主公共領域在民族共同體內之制度化而取得，但中共當局確有必要對民主人權作出更多的、公開的承諾，而不能總是以「資產階級民主」或帝國主義「和平演變」陰謀為藉口，同時，對於因缺乏反省、批判聲音而肇至之過度膨脹的民族主義，亦有必要自覺的加以控制。前述所謂「孫中山式之民族主義」顯然符合此種需要：它承諾普遍主義的民主化的價值，但有一循序漸進的程序（訓政、憲政），在此同時，它也具有文化民族主義乃至種族主義這種特殊性的環節，但絕不執著於此環節，因此，此一民族主義向度的凸顯，至少就目前而論，對於日益特殊主義化之「階級民族主義」而言，形成了某種牽制、平衡的張力效果。

　　或曰，市場經濟的採行，商業化之擴張，這種與全球同步的取向，難道不是一種普遍主義的進路？何以單要在政治文化、在人文精神取向上作文章？然而色魯提（Furio Cerutti）告訴我們，正是這種經濟與生活條件之漸趨同質性的「全球化」過程，才激起了當代世界性之民族文化認同的強烈要求。（註一○五）換言之，這裡所謂普遍主義之精神的體現，其關鍵不在於對「他者」之文化文明的選擇性取用上－它往往只是工具主義的考量，而是在於這種「互為主體」的、「相互承認」的開放態度或「文明作風」（civility）：對「他者」之文化

文明，始終保留一種可以對話的空間，以及對自我民族文化認同的不膠固、僵化。這裡要防禦的，正是前面那種工具主義考量中所蘊含之宰制性邏輯。事實上，在民族主義的實踐方面，據杜贊奇（Prasenjit Duara）指出，當我們去特權化某些文化實踐（語言、宗教、共同歷史經驗等）作為共同體之構成原則時，不免會抬高共同體對其週邊關係的自覺，使得原先不被凸顯其差異性的軟邊界（soft boundaries）變成了硬邊界（hard boundaries），當彼此差異性被如此凸出時，很容易產生猜忌和不寬容。（註一〇六）而此地所謂普遍主義之精神，其重點本不在反對某些特殊時期不得不然的、權宜性的硬邊界，而是反對其中所蘊含的這種具有宰制性邏輯的不寬容和猜忌心態。這在《中國可以說不》這類書中，可以明顯的解讀出來。（註一〇七）

有趣的是，儘管近代中國的國家政權，不斷的鼓吹「歷史文化」、「種族」或「階級」等概念，將之「特權化」作為中國民族認同的「硬邊界」，但費茲傑羅的研究卻顯示，對相當多數的中國人而言，他們卻另有其文化認同的方式，他們所保有的歷史，不是官方的記錄，而是在其巨大之文化記憶的庫存中：保存在種種民間故事、歌謠、儀典、街頭巷尾之傳聞乃至今日之電視和影片中。（註一〇八）杜贊奇的研究亦顯示，事實上，中國民族的文化認同本來就是多重的－包括對不同族群、省籍、宗教信仰等之認同，也因此本來就蘊含了多重的歷史敘事。但國家政權及民族主義者因深受現代化理論影響，視民族主義、民族

認同只是現代的產物，只是一種現代形式的意識，必須特權化其中一種作爲此集體歷史主體的大敘事（grand narrative），這結果是民族主義者必需不斷去融合中國境內各民族、各宗派乃至各地人民之歷史，但是，無論他們如何努力，都無法穩定的掌握此（中華）民族之歷史意義，總是會有意義的盈餘，總是有產生與此官定民族意義相競爭之意義的可能。（註一〇九）換言之，官方的大敘事無形中忽略了此一事實：中國是一有悠久歷史的民族，本具有極其複雜且多層次的歷史認同和種種先於現代的但一樣具有自覺性之政治共同體作爲認同的對象。民族主義者所建構的只是一種晚近後起的，以現代族國爲模仿對象的膠固化或特權化的大敘事，因而不能將此種族國意識形態等同於民族主義，而真正能再現此民族的民族主義，應該是容許不同觀點、不同表達，彼此競爭但又可相互妥協的基地（site），也因此，今天通過「愛國主義」所表顯之官方論述，實際上造成了對各種可能之民族敘事的壓制，（註一一〇）如是，中共如果真的要提倡民族主義，那麼也應與現代新權威主義者的保守立場相區別，它應是一種開放的，容許對民族歷史文化作種種不同之揀選、調整、重組甚或重鑄，而非只是官方那種「霸權式」的族國意識形態。後者所蘊含的不寬容、猜忌這種宰制性邏輯，只是不斷的壓制了、隔絕了民間以及民族共同體內外種種不同的觀點。這不僅使得真正反映人民（以及民族）心聲的，同時也是具反省精神的、活發健康的民族主義無由再現，而且還會因爲對這些「文化之音」的長期壓抑，以及

第三,市場經濟的興起,也爲向來依附政治的知識份子,找著了黨國之外獨立發展的契機。他們自主的立場,爲八〇年代「文化熱」關於「中國(文化)往何處去?」提供了種種與過去有別的、「差異」的觀點,這種多元的、百家爭鳴的表現,以至一度甚且可謂形構了一種民主的公共領域,一種開放的公共論壇。雖然最後受到了鎮壓,但只要改革仍持續,當各種條件更趨成熟而改革當局亦更具信心時,這種有其經濟力爲支撐的自主意見,終究是要被包容、被承認的。(詳第三章)

　　第四,民族主義思潮的興起,固然有其誤區,但如果因而能夠正視過去「階級民族主義」下,往往被一筆抹煞的所謂「封建」傳統,並由此展開對話,那麼這未始不是一項進步,畢竟,一個民族之文化之所以能夠偉大深刻並維持其創造活力,除了不「閉關自守」外,還必須不斷受其生活其中之文化的涵養與培育。當然,這種對母體文化的回歸,決不應演變成一種民族自大的心理取向。

【註　釋】

註一:「知識型」係傅柯(Michel　Foucault)的用語,意指
　　　在一個時期中一個認識範圍內的無意識的結構,它是靜
　　　止的、同時性的、彼此孤立的,這種「知識型」表現出
　　　來就是文化類型。知識型的聯繫就是歷時性的發展,傅

柯認為近代文化有三種知識類型系統：文藝復興時期、古典時期和現代時期，參見葛力編，《現代西方哲學辭典》（北京：求實出版社，1991年），頁319，「知識型」條； Michel Foucault, *The Archaeology of Knowledge*, translated by A. M. Sheridan Smith, (N. Y.: Harper Colophon, 1972), p.191。而張法等在此亦強調：所謂「知識型」是指文化賴以建立之基本「論述」（話語）範型，為特定之文化確定其性質及其在世界中的角色。一種文化必須通過「他者」（世界）才能界定自己，而知識型則通過其論述以形構此世界圖景，俾供文化在其中創造和獲得自身之地位。見張法、張頤武、王一川，＜從「現代性」到「中華性」－新知識型的探討＞，《文藝爭鳴》（長春），1994年2月，頁15-17。

註二：同上，頁 11, 13, 16-17。又作者關於「新權威主義」之定義是引自其倡導人蕭功秦自己的說法。見《北京青年報》，1990年12月23日。

註三：張法、張頤武等，前揭文，頁 18, 20。

註四： Geremie R. Barmé, "To Screw Foreigners is Patriotic : China's Avant-Garde Nationalists", *The China Journal*, No. 34(July,1995), pp.209-234.

註五： Ibid., pp.211-214.

註六： Ibid., pp.217-219, 226-227.

註七： Ibid., pp.222-223.

註八： Ibid.,pp.227-228 and p.215.大陸學者將白文中之 "positivism"理解為「樂觀主義」顯有不當，應譯「實證主

義」才合作者原意。請參閱石中，＜西方人眼中的中國民族主義＞，《戰略與管理》，1996 年第一期，頁 20。

註九： Ibid., pp.217-218, 229-230. 並請參閱石中，前揭文，頁 23-24。

註十：陸家，「民族主義迅速膨脹，大陸學者憂心忡忡」《中國時報》，第九版，民國 85 年 3 月 29 日。關於民族主義陣營內的反省聲音則顯示在白氏所謂「青年保守份子」的刊物—《戰略與管理》上，因為它近期登載了一些對民族主義過度高漲的批評文字，請詳下文。

註十一：石中，前揭文，頁 26。

註十二： Dikötter 這裡沿用 John Huchinson 的觀念將民族主義區分為兩種：文化民族主義（ cultural nationalism ）和政治民族主義（ political nationalism ）。前者強調自己文化、歷史之獨特性，後者則著重所有公民都具有平等的公民權、人權。此外，亦有將 "ethnic nationalism" 譯作文化民族主義者，因都在強調其文化族裔的保存，故本文亦予採用。又，政治民族主義亦包含 "state nationalism"，一般言之，都涉及民族自決、民族獨立建國之意，然鑒於社會學者哈伯瑪斯（ Jürgen Habermas ）已強調：（憲政）共和主義與（文化）民族主義的關聯只是歷史的偶然而非概念的必然，民主共同體之公民認同其關鍵不在於其族裔和文化的獨特性，而是在於公民運用其權利去參與和溝通這種實踐活動，因此本文對於政治民族主義之界定所著重的是其蘊涵之民主共同體、平等之公民權這層

意義。而文化、歷史、族裔之要素則是次要的。見 Frank Dikötter, "Culture, 'Race' and Nation: The Formation of National Identity in Twentieth Century China," *Journal of International Affairs*, Winter 1996, 49, No. 2, p. 591. John Hutchinson, *The Dynamic of Cultural Nationalism*(London: Allen and Unwin, 1987), pp.12-13. James Townsend, "China Nationalism," *The Australian Journal of Chinese Affairs*, No. 27(January,1992), p.104 納日碧力戈，＜種族與民族觀念的互滲與演進－兼及民族主義的討論＞，《中國社會科學季刊》（香港），1996 年第 16 期，頁 118-221 。 Jürgen Habermas, "Citizenship and National Identity" in Habermas, *Between Facts and Norms: Contributions to a Discourse Theory of Laws and Democracy*, trans by William Rehg(Massachusetts: The MIT Press, 1996), pp.494-495, 499-500.關於強調種族差異的民族主義，狄克托稱之為"racial nationalism"，它雖然亦著重民族歷史、文化之獨特性，但更凸顯與血緣關聯之準生物上的特性。 Dikötter, "Culture, 'Race' and Nation," p.591. Frank Dikötter, "Racial Nationalisms in East Asia," *The ASEN Bulletin*, 7(summer 1994), pp.8-10.

註十三： Dikötter, "Culture, 'Race' and Nation," p.598,600 and pp.602-605. 臺灣之民族主義是否已達到狄氏所謂「不排外、非自我中心」的程度是一個可以爭論的問

題。但至少就相對意義而言（相對於中國大陸）是可以成立的。G. R. Barme', *op. cit.*, p.234.

註十四：文化主義強調中國文化的優越性，強調統治者必須以儒家正統為依據，視儒家思想是一普遍價值，即或夷狄入主中國，亦可因之而合法化自身。它不同於文化民族主義處，依 Joseph R. Levenson 的看法還在於文化主義沒有「競爭對手」的觀念。換言之，亦即文化民族主義不承認形式平等之國家體系，認為儒家之價值規範是唯一最優秀的，統治之合法性必需奠基其上。這是傳統中國對自我的界定，有別於民族主義。James Townsend, *op. cit.*, pp. 98-100, 106. J. R. Levenson, *Liang Ch'i-ch'ao and the Mind of Modern China*(Berkeley: University of California, 1953), pp. 2, 110-119.

註十五：台灣學者江宜樺批判大陸這波民族主義熱潮只是盲目肯定祖先遺產，卻提不出任何合理健康的民族自覺心態，他並且指出許多大陸之國學研究者也無法離開工具書逕直閱讀古書，因此當前這種民族主義狂熱只是一種「蒼白的回歸」、「虛無的民族主義」。而大陸學者陳平原則率直的批判了當前把提倡「國學」和愛國主義等同的作法是使之意識形態化。另一名大陸學者汪暉亦認為這種「以民族主義作為政治與文化同一性之基礎」的方式「非常危險」。見江宜樺，「擺盪於虛無之間的中國民族主義」，《聯合報》，民國85年12月16日，第42版。吳曉東，＜「民族主義」

及其他－訪陳平原教授＞，《戰略與管理》， 1995
年第 6 期，頁 80 。汪暉，＜文化批判理論與當代中
國民族主義問題＞，《戰略與管理》， 1994 年第 4
期，頁 20 。

註十六：王景倫，《走進東方的夢》（北京：時事出版社， 1994
年），頁 240 。

註十七：陸家，「『回歸傳統熱』漫向大陸各階層」，《中國
時報》，民國 85 年 3 月 27 日，第 9 版。

註十八：李烈文，＜中共意識形態向左轉＞，《中國大陸》，
民國 85 年 12 月第 352 期，頁 25-27。白德華，「大
陸文壇盛會，掀起意識形態陣地攻防戰」，《中國時
報》，民國 85 年 12 月 15 日，第 9 版。兀索葷，「大
陸新左派思潮及其興起」，《聯合報》，民國 85 年 9
月 8 日，第 9 版。

註十九：同註十七。

註二○：石中，前揭文，頁 23-25 。

註二一：譬如北大教授孫立平、錢理群、著名學者龐朴、中共
中央馬列著作編譯局的矛海建等對此現象都提出了
批判。陸家，前揭文，（民國 85 年 3 月 29 日）。又
請參見氏著，「民族主義一刀雙刃，中共未能盡得其
利」，《中國時報》，民國 85 年 3 月 27 日。

註二二：吳曉東，前揭文，頁 79 。

註二三：汪暉，前揭文，頁 19-20 。

註二四：同上，頁 20 。

註二五：康德式「世界公共領域」在今天落實之可能性，請參

閱 Jürgen Habermas, *op. cit.*, p.514.

註二六：陳明明，＜政治發展中的民族與民族主義＞，《戰略與管理》，1996 年第 2 期，頁 68。

註二七：石中，前揭文，頁 25-26。

註二八： G. R. Barmé, *op. cit.*, pp. 217-218.白文中引用的是汪暉對西方「後學」在當代中國情境下可能被誤用－助長文化保守主義－的批評。

註二九： Chantal Mouffe, "Hegemony and Ideology in Gramsci," in Tony Bennett et al. eds., *Culture, Ideology and Social Process: A Reader*(London: Open University Press, 1981), p.231.

註三〇：石中，前揭文，頁 26。

註三一： Jonathan Unger, "Introduction" in Jonathan Unger, ed., *Chinese Nationalism*(Armonk, N. Y. : M. E. Sharpe, 1996).

註三二： Abdullah Laroui, *The Crisis of the Arab Intellectual* (Berkeley: University of California Press, 1976), pp. 121-122.

註三三： John Fitzgerald, "The Nationaless State : The Search for a Nation in Modern Chinese Nationalism" in Jonathan Unger, ed., *op. cit.*, p.64.

註三四： Germaine A. Hoston, *The State, Identity, and the National Question in China and Japan*(Princeton: Princeton University Press, 1994), p.195.

註三五：轉引自 G. A. Hoston 前揭書， pp.197-198.類似的表述

亦散見於氏著：＜新的！舊的＞，《新青年》，4 卷 5 號， 1918 年 5 月；＜法俄革命之比較觀＞，《言治》 季刊第三期， 1918 年 7 月；＜新舊思潮之激戰＞， 《每週評論》，第 12 號， 1919 年 3 月。以上諸文收 集於《李大釗選集》(北京：人民出版社， 1962 年)， 頁 97-100, 101-104, 155-157。

註三六：李大釗，＜法俄革命之比較觀＞，《李大釗選集》， 頁 103。

註三七： Hoston, op. cit., p.198. 李大釗，＜「晨鐘」之使命—青春中華之創造＞，《晨鐘報》，創刊號， 1916 年 8 月；＜青春＞，《新青年》，第二卷第 1 號， 1916 年 9 月，收入《李大釗選集》，頁 58-63, 65-78。

註三八：＜法俄革命之比較觀＞，頁 101。

註三九：同上，頁 102, 104。

註四〇： Hoston, *op. cit.*, p.199.

註四一：原載《新青年》，第 6 卷 5,6 號， 1919 年 5 月、 11 月。收入《李大釗選集》，頁 173-211。關於強調馬 氏學說能凸出人類精神和自覺力量這觀點亦見於氏 著＜唯物史觀在現代史學上的價值＞，原載於《新青 年》第 8 卷 4 號， 1920 年 12 月，收入《選集》，頁 334-340。

註四二：李大釗，＜新紀元＞，《每週評論》，第 3 號， 1919 年 1 月；＜階級競爭與互助＞，《每週評論》，第 29 號， 1919 年 7 月；＜中國的社會主義與世界的資本 主義＞，《評論之評論》，第一卷 2 號， 1921 年 3

月 20 日；＜十月革命與中國人民＞，《晨報》副刊，1922 年 11 月。以上諸文收入《選集》，頁 119-121, 222-225, 356-357, 401-402。

註四三： John Fitzgerald, *op. cit.*, p.73.

註四四： Ibid., p.81.

註四五： Hoston, *op. cit.*, p.203, 372.

註四六：《毛澤東選集》，第二卷（北京：人民出版社，1991 年），頁 672。

註四七：李大釗，＜青年與農村＞，原載《晨報》，1919 年 2 月 20-23 日，收入《選集》，頁 149, 150。

註四八：李大釗，＜土地與農民＞，《政治生活》，第 62-67 期，1925 年 12 月～1926 年 2 月，收入《選集》，頁 534-536。

註四九：同註四七，頁 146。

註五〇：毛澤東，＜春節談話紀要＞，《毛澤東思想萬歲》，第一輯，1969 年出版（臺北：國際關係研究所複製，1974 年）

註五一： Leszek Kolakouski, *Main Currents of Marxism*(Oxford: Oxford University Press, 1978), Vol. III, p.516.

註五二：關於近代中國農民之保守排外心理與民族主義之關聯可參考王翔，＜民族主義在近代中國農村＞，《二十一世紀》，1993 年 2 月號，總第 15 期，頁 16-21。

註五三：＜土地與農民＞，頁 535。

註五四： Hoston, *op. cit.*, pp.376-377, 385.

註五五： Ibid., p.390-392. 以上關於毛之「群眾路線」的解釋，

雖多引自 Hoston 的詮釋，但他並未視此為李之影響，而筆者則認為至少就思想的發展邏輯言，二者是一脈相承的，甚且就此概念中所隱含之「精英主義」取向（政治動員，由領導來灌輸正確意識）言，亦可以在李之農民主義中找到一由知識份子去提高農民意識。

註五六：Ibid., p.365.

註五七：衝突合法化此一概念來自 Richard H. Solomon, see Solomon, "Mao's Effort to Reintegrate the Chinese Polity: Problems of Authority and Conflict in Chinese Social Process" in A. D. Barnett, ed., *Chinese Communist Politics in Action*(Seattle: University of Washington Press, 1969), p.104.

註五八：事實上，前述毛之「農民主義」、「不斷革命論」以及「群眾路線」等特徵，究竟言之，都可以看成是為此「階級鬥爭」概念之引入中國以符合中國之實際作準備，其中，農民是革命鬥爭的主力軍，不斷革命論則旨在為中國之革命鬥爭階段作調節，而以農民為主要對象之群眾路線則在保證上層領導之階級意識的純正性。

註五九：＜新民主主義論＞，《毛澤東選集》，第二卷，頁696-697。

註六〇：這種感覺和情緒，對白魯恂言，是源於中國人的權威性人格及當代中國之權威危機，而在毛的統治下則給這種恨和不滿的情緒提供合法宣洩管道。雖然同樣的

心理過程，這在白杰明看來，或會認為正是中國人那種「自我厭憎」情緒的表露。Lucian Pye, *The Spirit of Chinese Politics: A Psychocultural Study of Authority Crisis in Political Development*(Cambridge: The M.I.T. Press, 1968), pp.1-11.

註六一：這是透過「階級民族主義」或「革命民族主義」的觀點重新詮釋 Pye 及 Solomon 關於當代中國之「權威危機」及「衝突合法化」的論述。Richard H. Solomon, *Mao's Revolution and the Chinese Political Culture* (Berkeley: University of California Press, 1972), pp. 97-153.

註六二：劉青峰，＜文化革命中的新華夏中心主義＞，《二十一世紀》，1993 年 2 月號，總第 15 期，頁 55。

註六三：Paul Hockenos, *Free to Hate: The Rise of the Right in Post-Communist Eastern Europe* (N. Y. : Routledge, 1993), p.10.

註六四：並且構連了一種類似李大釗式的「階級民族主義」，在其中文化民族主義被凸顯，階級鬥爭只適用於國際而非國內。

註六五：儘管「反帝」，但並無人真正服膺「無產階級世界革命」之普遍原則，這種對馬克思主義的實用主義態度本是李大釗式「階級民族主義」的特點。同註四〇。

註六六：然而這種對文化民族主義的回歸，由於它與毛式階級民族主義千絲萬縷的關聯，就目前言，仍不免是「蒼白的回歸」。參閱註十五。

註六七： Hoston, *op. cit.*, p.391, 401.

註六八： Lowell Dittmer and Samuel S. Kim, ed., *China's Quest for National Identity* (Ithaca: Cornell University Press, 1993), p.262.

註六九： Ibid., pp.261-262.

註七〇： Ibid., pp.260-261.

註七一： Ibid., pp.261.

註七二：前述例舉之陳明明、汪暉都具有或傾向此類主張殆無疑問，陳平原之訪問未涉及此，但其對學術所持之自由主義立場則是顯而易見的。此外，例如皮明勇在論及當代中國民族主義之發展時，亦提及「民主思想」有必要「深入人心」及「相關政治制度」之確立等。見氏著，＜中國近代民族主義的多重架構＞，《戰略與管理》，1994年第3期，頁23-25。

註七三： A. James Gregor, *Marxism, China and Development : Reflections on Theory and Reality* (New Jersey : Transaction Publishers, 1995), p.181, 183.

註七四：吳國光，「強人走進歷史，民主花朵會開嗎？」，《中國時報》，民國86年2月23日，第10版。

註七五： A. J. Gregor, *op. cit.*, p.190.

註七六： Ibid.

註七七：孫中山，＜民生主義與社會革命＞，《國父全集》，第二冊，（臺北：中國國民黨黨史會，民國70年），頁217。

註七八：＜速修鐵路以立富強之基＞，《國父全集》，第二冊，

頁 257-258。

註七九：〈欲解決外交問題須取門戶開放主義〉，《國父全集》，
　　　　第二冊，頁 263-264。

註八〇：〈實現鐵路政策須取門戶開放主義〉（民國元年），
　　　　同上，頁 313。

註八一：〈民生主義與社會革命〉，頁 217。

註八二：〈民族主義〉（第四講），《國父全集》，第一冊，
　　　　頁 35, 37。

註八三： A. J. Gregor, *op. cit.*, pp.193-194。

註八四：〈實業計畫序〉（民國 10 年），《國父全集》，第一
　　　　冊，頁 507。

註八五：〈提倡實業應實行民生主義〉（民國元年），《國父
　　　　全集》，第二冊，頁 225。

註八六：同註八〇。

註八七：同註七九。

註八八：〈中國實業當如何發展〉（民國 8 年），《國父全集》，
　　　　第二冊，頁 168。

註八九：〈中國之鐵路計畫與民生主義（譯文）〉（民國元年），
　　　　《國父全集》，第二冊，頁 90。

註九〇：〈中國存亡問題〉（民國 6 年），《國父全集》，第
　　　　二冊，頁 148-149, 152， A. J. Gregor, *op. cit.*, pp.
　　　　193-194.似乎也正因為此故，中山先生在其〈實業計
　　　　畫緒言〉中，也特別強調，外國與中國所訂契約，一
　　　　定要顧及「中國之民意」、「得中國人之信仰」。《國
　　　　父全集》，第一冊，頁 514-515。

註九一：＜民族主義＞（第五、六講），＜民權主義＞（第三、五講），《國父全集》，第一冊，頁 44-45, 54-62, 101, 103, 130, 132。

註九二： cf., Gregor, *op. cit.*, p.194, 196, 198.

註九三： Ibid., pp.191-192, 194.

註九四：如前述，Dikötter 和 Fitzgerald 都是如此。Dikötter. *op. cit.*, p.594. Fitzgerald, op. cit., p.201.

註九五： Gregor, *op. cit.*, p.201.

註九六： Ibid.

註九七：參照中央研究院中山所蔡英文教授未發表論文＜認同與政治＞初稿，頁 6-7, 11。下文關於「認同政治」方面的論點亦多有參照。

註九八：同上，頁 2。

註九九：參照＜認同與政治＞，頁 19。

註一〇〇：汪暉，前揭文，頁 19。

註一〇一：＜認同與政治＞，頁 11。

註一〇二：吳國光，前揭文。

註一〇三：同註一〇一。

註一〇四：這是吳國光為中國大陸民主制度化之所以遲滯所提供的辯解。參見吳國光，前揭文。

註一〇五：Furio Cerutti，＜是否可能有一超民族認同＞，轉引自＜認同與政治＞，頁 10。

註一〇六： Prasenjit Duara, "De-Constructing the Chinese Nation" in Jonathan Unger,ed., op. cit., p.49.

註一〇七：宋強、張藏藏、喬邊等，《中國可以說不》（北京：

中華工商聯合出版社，1996年）。該書反映了極為激進之民族主義立場，在大陸出奇暢銷後；作者群又出了第二本《中國還是可以說不》（臺北：人間出版社，民85年），前引江宜樺文即針對其「激進」而又「虛無」之民族主義立場作批判。參見註十五。

註一〇八： John Fitzgerald, *op. cit.*, p.83.又 James L. Watson 亦強調中國民間（特別是農村）有其不同於官方的，通過傳統儀式來維持其文化認同的方式。 See Watson, "The Renegotiation of Chinese Cultural Identity in the Post-Mao Era" in Jeffrey N. Wassertrom and Elizabeth J. Perry, ed., *Popular Protest and Political Culture in Modern China Learning From 1989*(Boulder: Westview Press Inc, 1992), pp.67-84.

註一〇九： Prasenjit Duara ,op. cit., pp.32, 43, 54-55.

註一一〇： Ibid., pp.32, 38-39, 54-55.

參考書目

中文部分

石　中，＜西方人眼中的中國民族主義＞，《戰略與管理》，
　　　1996年第一期。

于光遠，＜談談經濟文化＞，《消費經濟》（長沙），1992年
　　　1月。

兀索萆，「大陸新左派思潮及其興起」，《聯合報》，民國85
　　　年9月8日第9版。

小嶋正己，《大陸市場探索》（臺北：創意文化，民國七七年）。

中共中央文獻研究室「國外研究毛澤東思想資料選集」編譯組
　　　編譯，《日本學者視野中的毛澤東思想》（北京：中
　　　央文獻出版社，1991年）。

孔捷生，＜天下誰人不識君─鄧麗君文化現象面面觀＞，《中
　　　國時報》，民國84年5月24日23版。

方朝暉，＜價值多元論質疑─兼論目前我國文化建社的首要使
　　　命＞，《社會科學》（滬），1991年1月。

毛澤東，《毛澤東選集》，第二卷（北京：人民出版社，1991

年）。

毛澤東，《毛澤東選集》，第三卷（北京：人民出版社，1991
　　　年）。

毛澤東，《毛澤東選集》，第四卷（北京：人民出版社，1991
　　　年）。

毛澤東，《毛澤東選集》，第五卷（上海：人民出版社，1977
　　　年）。

毛澤東，《毛澤東思想萬歲》，第一集（臺北：國際關係研究
　　　研究所複製，1974 年）

毛澤東，《毛澤東著作選讀》（下）（北京：人民出版社，1986
　　　年）。

王　翔，＜吳文化—打開傳統壁壘的缺口＞，《社會科學報》
　　　1991 年 2 月 28 日，第 2 版。

王　翔，＜民族主義在近代中國農村＞，《二十一世紀》，1993
　　　年 2 月，第 15 期。

王景倫，《走進東方的夢：美國的中國觀》（北京：時事出版
　　　社，1994 年）。

王紀人，＜文化二題＞，《文學報》（滬），1993 年 10 月。

王　銳，＜中國商俗文化當議（I）＞《天津商學院學報》，1992
　　　年 4 月。

王岳川，＜文化衰頹中的話語錯位現象＞，《山西發展導報》，
　　　1994 年 7 月 1 日，第 3 版。

王耀宗，評張占斌、宋一夫＜中國：毛澤東熱＞，載《社會科
　　　學學報》（香港）1994 年，第 3 期。

司馬璐，＜馬克思主義和孔子教義—李一氓給蔡尚思的信讀後

＞，《真理的追求》，北京，1991 年 3 月。

白德華，「大陸文壇盛會，掀起意識形態陣地攻防戰」，《中國時報》，民國 85 年 12 月 15 日第 9 版。

朱　英，＜開拓近代中國商人文化研究的初步構想＞，《華中師範大學學報》（哲社版），1990 年 6 月。

朱元鴻，＜實用主義：集體記憶的敘事分析—以一九四九年後中國大陸為參考＞，《中國社會學刊》，第 16 期，民國 81 年 12 月。

朱浤源，《卡爾巴伯》（臺北：風雲論壇，民國 80 年）。

朱　陽、郭永鈞主編，《毛澤東的社會主義觀》（北京：人民出版社，1994 年）。

江宜樺，「擺盪於虛無之間的中國民族主義」，《聯合報》，民國 85 年 12 月 16 日第 42 版。

江蘇省委研究室科教處，＜小康文化的內涵和基本特徵＞，《江南論壇》（無錫），1994 年 1 月。

佛洛姆，莫迺滇譯，《逃避自由》（臺北：志文出版社，民 60 年）。

冷　溶編，《海外鄧小平研究》（山西：經濟出版社，1993 年）。

洪峻鋒編，《西方學者論毛澤東》（福建：廈門大學出版社，1993 年）。

吳國光，「強人走進歷史，民主花朵會開嗎？」，《中國時報》，民國 86 年 2 月 23 日第 10 版。

吳富恆、狄其驄，＜面臨挑戰的文化建設—文化問題縱橫談＞，《文史哲》，1994 年 4 月。

吳曉東，＜「民族主義」及其他—訪陳平原教授＞，《戰略與

管理》1995 年第 6 期。

宋　強、張藏藏、喬　邊等,《中國還是可以說不》（臺北：
　　人間出版社,民 85 年）。

宋　強、張藏藏、喬　邊等,《中國可以說不》（北京：中華
　　工商聯合出版社, 1996 年）。

宋永毅,＜文化大革命中的地下讀書運動＞,《中國大陸研究
　　教學通訊》,民國 86 年 5 月,第 20 期。

李宗桂,＜論當代中國的主流文化＞,《社會科學戰線》（香
　　港）, 1993 年 4 月。

李大釗,《李大釗選集》（北京：人民出版社, 1962 年）。

李　天、孫敬勛主編,《簡明黨務工作辭典》（北京：中國展
　　望出版社, 1990 年）。

李正發,＜中國社會主義企業文化四十年＞,《福建論壇》（經
　　濟社會版）。

李君如、張勇偉編,《海外學者論「中國道路」與毛澤東》（上
　　海：社科院出版社, 1993 年）。

李英明,《鄧小平與後文革的中國大陸》（臺北：時報文化,
　　1995 年）

李英明,《現階段大陸政經社會發展與兩岸關係》（臺北：永
　　然文化出版公司,民國 83 年）。

李英明,《文化意識形態的危機：蘇聯、東歐、中共的轉變》
　　（臺北：時報文化,民國 81 年）。

李烈文,＜中共意識形態向左轉＞,《中國大陸》,民國 85 年
　　12 月第 352 期。

李傳華等主編,《中國思想政治工作全書》,下卷（北京：中

國人民大學出版社，1991年）。

李權時，＜論嶺南文化的歷史地位＞，《廣東社會科學》，1994
　　　年1月。

汪　　暉，＜文化批判理論與當代中國民族主義問題＞，《戰略
　　　與管理》，1994年第4期。

車國成，＜論我國文化市場的積極作用與正常發育＞，《經濟
　　　體制改革》（成都），1989年6月。

牟光義，＜九十年代群文事業發展的重點＞，《中國文化報》
　　　（京），1992年3月

周　　山，＜語必關風始動人——大陸通俗文化在社會變遷過程
　　　中的角色與影響＞，《兩岸思想文化與社會發展學術
　　　研討會論文集》，1994年5月。

周大鵬，＜市場文化與文化市場＞，《光明日報》，1993年1
　　　月21日。

周玉山，《大陸文藝新探》（臺北，東大圖書公司，民73年）。

皮明勇，＜中國近代民族主義的多重架構＞，《戰略與管理》，
　　　1994年第3期

杭天勇，＜文化產業能唱大戲＞，《光明日報》，1994年7月
　　　30日。

林同奇，＜「文化熱」的歷史含意及其多元思想流向＞（上）
　　　（下），載《當代》，第86期（1993年6月）及第
　　　87期（1993年7月）。

林同華，＜東方：儒家資本主義經濟文化觀述論＞，《學術季
　　　刊》（上海社科院），1990年4月。

段爾煜，＜對「群眾文化」定義的思考＞，《雲南學術探索》，

1991 年 1 月。

松尾康憲，＜反「和平演變」理論的架構及成效＞，第十九屆
　　　中、日「中國大陸問題」研討會論文，民國 81 年。

金耀基，《從傳統到現代》（台北：時報出版公司，民國 69 年）。

金耀基，《中國社會與文化》（香港：牛津大學出版社，1992）。

阿里夫・德里克著，方朝暉譯，＜現代主義和反現代主義—毛
　　　澤東的馬克思主義＞，《中國社會科學季刊》，第四
　　　卷，1993 年 11 月。

胡　　平，＜商業文化學及其基本內容——在日本東京青年會議
　　　所的演講＞，1990 年 3 月。

范希平，＜市場文化當論＞，《華東師範大學學報（哲社版）》，
　　　（滬），1993 年 5 月。

葛　　力編，《現代西方哲學辭典》（北京：求實出版社，1991
　　　年）。

茅慶連，＜從企業文化到組織文化—組織文化理論當議＞，《社
　　　會科學》，1990 年 3 月。

韋伯著，康樂、簡惠美譯，《宗教與世界》（臺北：遠流出版
　　　社，民國 78 年）。

韋伯著，簡惠美譯，《中國的宗教：儒教與道教》（臺北：遠
　　　流出版社，民國 78 年）。

孫中山，《國父全集》，第一冊（臺北：中國國民黨黨史會，
　　　民國 70 年）。

孫中山，《國父全集》，第二冊（臺北：中國國民黨黨史會，
　　　民國 70 年）。

桑良至，＜徽商與揚州文化＞《揚州師院學報》（社科版）1993

年 1 月。

納日碧力戈，＜種族與民族觀念的互滲與演進－兼及民族主義
的討論＞，《中國社會科學季刊》（香港）1996 年第
16 期。

高占祥，＜當前農村文化工作改革的七個方面＞，《新文化報》
1992 年 7 月 6 日，第 1 版。

催玉山，＜文化市場：讓人歡喜讓人憂＞，《東方藝術》（鄭
州），1994 年 3 月。

張　琢，＜當今中國大陸文化走向＞，《電影創作》，1993 年
6 月。

張　法、張頤武、王一川，＜從「現代性」到「中華性」－新
知識型的探討＞，《文藝爭鳴》（長春），1994 年 2
月。

張五岳，＜大陸通俗文化在社會變遷過程中的角色與影響＞，
《兩岸文化思想與社會發展學術研討會論文集》，
1994 年 5 月。1

張五岳，＜臺灣電視劇、小說、漫畫在大陸流行之社會與文化
意義之研究＞，《兩岸大眾文化交流研討會》論文，
民國 81 年 6 月。

張文儒主編，《毛澤東與中國現代化》（北京：當代中國出版
社，1993 年）

張立文、王俊義等編，《傳統文化與現代文化》（北京：人民
大學出版社，1987 年）。

張保民，《中國現代化的困境》（香港：明報出版社，1993 年）。

張德麗，＜論市場經濟條件下的「文化建設問題」＞，《理論

建設》（合肥），1994 年 4 月。

張錦華，《傳播批判理論》（台北：黎明，民國 83 年）。

莫里斯‧邁斯納（ Maurice Meisner ）著，中共中央文獻研究室
理論研究組譯《毛澤東與馬克思主義、烏托邦主義》
（北京：中央文獻出版社，1991 年）。

許　霆，＜海派文化與吳文化散論＞，《吳中學刊》（社科版），
1991 年 1 月。

許家旺，＜目標追求與價值取向——現階段農村文化心態透析
＞，《淮海論壇》，1990 年 3 月。

陳　來，＜改革開放以來大陸學界對西方文化的研究＞，《兩
岸文化思想與社會發展學術研討會論文集》，1994 年
5 月。

陳一諮，《中國：十年改革與八九民運》（臺北：聯經出版公
司，民 79 年）。

陳子明、王軍濤主編，《解除中國危機：關於中國政經環境的
報告》（加拿大：明鏡出版社，1996 年）。

陳明明，＜政治發展中的民族與民族主義＞，《戰略與管理》，
1996 年第 2 期。

陳曉明，＜歷史轉型期的文化模仿＞，《中國論壇》，民國 80
年 11 月。

陳奎德主編，《中國大陸當代文化變遷》（臺北：桂冠，1991
年）。

陸　家，「『回歸傳統熱』漫向大陸各階層」，《中國時報》，
民國 85 年 3 月 27 日第 9 版。

陸　家，「民族主義一刀雙刃，中共未能盡得其利」，《中國

時報》，民國 85 年 3 月 27 日。

陸　家，「民族主義迅速膨脹，大陸學者憂心忡忡」，《中國
　　　時報》，第九版，民國 85 年 3 月 29 日。

斯圖爾特‧施拉姆，《毛澤東》（北京：紅旗出版社，1987 年）。

斯圖爾特‧施拉姆，《毛澤東思想》，中共中央文獻研究室《國
　　　外研究毛澤東思想資料選輯》編輯組編譯（北京：中
　　　央文獻出版社，1991 年）。

程天賜，＜今日的文化，明日的經濟─當前農村文化事業發展
　　　的啟示＞，《農民日報》1994 年 6 月 12 日第 1 版。

華全忠，＜重視研究和發展中國的企業文化＞，載《人民日報》，
　　　1990 年 8 月 20 日第 3 版。

楊開煌，＜現階段大陸人民休閒活動初探──「卡拉 OK」的
　　　社會文化意義之理解＞，《兩岸大眾文化交流研討會》
　　　論文，民國 81 年 6 月。

聶景春，＜商品文化謅論＞，《中國文化報》，1990 年 10 月
　　　14 日第 3 版。

康　丹，＜中國知識份子眼中的西方＞，《中國論壇》，民國
　　　80 年 7 月，31 卷 10 期。

鄭新立編，《社會主義精神文明建設全書》（北京：經濟日報
　　　出版社，1992 年）。

解建立，＜商業文化綜述＞，《學術研究動態》，1991 年 6 月。

溫洽溢，＜論中共的漸進主義改革：制度典範的分析＞，《東
　　　亞季刊》，第 27 卷，第 6 期，1996 年。

葉衛平，《西方毛澤東研究》（福州：福建人民出版社，1992
　　　年）。

賈春峰，＜當前中國文化發展趨勢初評＞，《工人日報》，1994
　　　年4月20日第3版。

趙應云，＜發展市場經濟的文化使命＞，《湖南日報》，1994
　　　年4月20日第7版。

樊衛國，＜歷史承載與思想空間—海派文化與特區文化的正反
　　　懸思＞，《社會科學》1993年11月。

蔡志強，＜行政文化的開發與整合＞，《社會科學》1990年2
　　　月。

蔡英文，＜認同與政治＞初稿。

鄧小平，《鄧小平文選》（1975-1982年）（北京：人民出版社，
　　　1983年）。

鄧小平，《鄧小平文選》，第三卷（北京：人民出版社，1993
　　　年）。

鄒恆甫，＜市場競爭意識與中國傳統文化的有為主義＞，《管
　　　理世界》，1993年3月。

劉青峰，＜文化革命中的新華夏主義＞，《二十一世紀》，1993
　　　年2月，第15期。

劉洪濤，＜失衡的文化現象＞，《文匯報》，1994年1月17
　　　日。

賴伯疆，＜珠江三角洲的對外開放與我國的文化建設＞，《廣
　　　東社會科學》，1992年5月。

薄一波，《若干重大決策與事件的回顧》，上卷（北京：中共
　　　中央人民出版社，1993年）。

韓劍華，＜臺灣流行歌曲在大陸：現況與前景＞，《兩岸大眾
　　　文化交流研討會》論文，民國81年6月。

羅曉南，〈毛澤東思想：一個農民馬克思主義的烏托邦〉，《中國大陸教學參考資料月刊》，第 16 期，民 73 年 4 月。

羅曉南，〈「批判理論」對大眾文化的批判—從阿多諾、霍克海默到哈伯瑪斯〉，《政治大學學報》第 69 期，民國 83 年 9 月。

顧忠華，〈大陸知識份子發展過程中的角色與影響〉，《兩岸文化思想與社會發展學術研討會》，1994 年 5 月。

〈文化建設的重大課題—「文化市場」學術座談會評述〉，《哲學研究》，1994 年 6 月。

〈李一氓同志給蔡尚思教授的一封信〉，載《文匯報》1990 年 12 月 26 日。

〈農村文化建設不抓不行〉，《文化月刊》，1993 年 12 月。

〈農村呼喚文化脫貧——呂梁山區農村文化建設調查〉，《光明日報》，1994 年 1 月 26 日第 1 版。

〈跨世紀文化思考討論會綜述〉，《學習與探索》（哈爾濱），1992 年 5 月。

〈對當前文化現象的一些思考〉，《群言》（京），1993 年 8 月。

英文部分

Adorno, Theodor, and Max Horkheimer(1972), *Dialectic of Enlightenment*, N. Y. : Heder and Herder.

Allen, John （ eds. ） (1992), *Political and Economic Forms of Modernity*, Cambridge: Polity Press.

Barmé, Geremie R. (1995) , " To Screw Foreigners is Patriotic : China's Avant-Garde Nationalists ", *The China Journal*, 34(July): 209-234.

Barnett, A. D.(ed.)(1969), *Chinese Communist Politics in Action*, Seattle: University of Washington Press.

Bennett, Tony(eds.)(1981), *Culture, Ideology and Social Process: A Reader*, London: Open University Press.

Berman, Marshall(1988), *All That is Solid Melts Into Air: The Experience of Modernity*, N. Y. : Penquin Books.

Billing, Michael, and Susan Condor et al. (1988), *Ideological Dilemmas: A Social Psychology of Everyday Thinking*, London: Sage.

Bocock, R., and K. Thomposon （ ed. ） (1992), *Social and Cultural forms of Modernity*, Cambridge: Polity Press.

Bonnin, Michel, and Yves Chevrier(1991), " The Intellectual and the State: Social Dynamics of Intellectual Autonomy During the Post-Mao Era " , *The China Quarterly*, 127: 569-612

Crespigny, A. D., and K. Minogue(ed.)(1975), *Contemporary Political Philosophers*, N. Y.: Dodd, Mead & Company.

Crowley, James B.(ed.)(1970), *Modern East Asia: Essay in Interpretation*, N. Y.: Harcount, Brace & World.

Dikötter, Frank(1994), " Racial Nationalisms in East Asia " , *The ASEN Bulletin*, 7(Summer): 8-10.

Dikötter, Frank(1996), " Culture, ˇ Race ˮ and Nation: The Formation of National Identity in Twentieth Century China ˮ , *Journal of International Affairs*, 2(Winter): 590-605.

Dirlik, Arif, and Maurice Meisner(ed.)(1987), *Marxism and the Chinese Experience*, Armonk, N. Y. : M. E. Sharpe.

Dittmer, Lowell, and Samuel S. Kim(ed.)(1993), *China's Quest for National Identity*, Ithaca: Cornell University Press.

Eckstein, Alexander(1975), *China's Economic Development: The Interplay of Scarcity and Ideology*, Michigan: University of Michigan Press.

Foucault, Michel(1972), *The Archaeology of Knowledge*, N. Y.: Harper Colophon.

Goldman, Merle(1981), *China's Intellectuals: Advise and Dissent*, Cambridge: Harvard University.

Gregor, A. James(1995), *Marxism, China and Development: Reflections on Theory and Reality*, New Jersey: Transaction Publishers.

Griswold, Wendy(1994), *Cultures and Societies in a Changing World*, London: Pine Forge Press.

Gurevitch, Michael, and Tony Bennett(ed.)(1982), *Culture, Society and the Media*, London:Methuen.

Habermas, Jurgen(1996), *Between Facts and Norms: Contributions to a Discourse Theory of Laws and Democracy*, Massachusetts: The MIT Press.

Hall, Stuart（eds.）(1992), *Modernity and Its Future*, Cambridge:

Polity Press.

Harvey, David(1989), *The Condition of Postmodernity*, Oxford: Basil Blackwell.

Hockenos, Paul(1993), *Free to Hate: The Rise of the Right in Post-Communist Eastern Europe*, N. Y. : Routledge.

Hoston, Germaine A.(1994), *The State, Identity, and the National Question in China and Japan*, Princeton: Princeton University Press.

Huang, Yasheng(1994), " Information, Bureaucracy and Economic in China and the Soviet Union ", *World Politics*,47: 102-134.

Hutchinson, John(1987), *The Dynamic of Cultural Nationalism*, London: Allen and Unwin.

Kallgren, Joyce K.(ed.)(1990), *Building a Nation-State;China After Forty Years*, Berkeley: University of California.

Kolakowski, Leszek(1978), *Main Currents of Marxism: Its Origins, Growth and Dissolution*, Vol.3, Oxford : Oxford University Press.

Laroui, Abdullah(1976), *The Crisis of the Arab Intellectual*, Berkeley: University of California Press.

Larrain, Jeorge(1994), *Ideology and Cultural Identity: Modernity and the Third World Presence*, Cambridge: Polity Press.

Levenson, J. R.(1953), *Liang Ch'i-ch'ao and the Mind of Modern China*, Berkeley: University of California.

Link, Perry(1987), " The Limits of Cultural Reform in Deng Xiaoping's China ", *Modern China*, 2, (13) (April): 115-176.

Madsen, Richard(1984), *Morality and Power in a Chinese Village* , Berkeley: University of California Press.

Mouffe, Chantal(1981), *Ideology and Social Process: A Reader*, London: Open University Press.

Oi, Jean C.(1989), *State and Peasant in Contemporary China: The Political Economy of Village Government,* Berkeley: University of California Press.

Oi, Jean C.(1995), " The Role of the Local State in China's Transitional Economy " , *The China Quarterly*, 144(December): 1132-1149.

Peterson, Glen(1994), " State Literacy Ideologies and the Transformation of Rural China " , *The Australian Journal of Chinese Affairs*,32 (July): 95-120.

Pye, Lucian(1968), *The Spirit of Chinese Politics: A Psychocultural Study of Authority Crisis in Political Development*, Cambridge: M. I. T. Press.

Sachs, Jeffery and Wing Thye Woo(1994), " Structual Factors in the Economic Reform of China, Eastern Europe and the Former Soviet Union " , *Economic Policy*, 1(18): 102-145.

Schurmann, Franz(1970), *Ideology and Organization in Communist China*, Berkeley: University of California Press.

Shirk, Susan L.(1993), *The Political Logic of Economic Reform in China*, Berkley: University of California Press.

Solomon, Richard H.(1972), *Mao's Revolution and the Chinese Political Culture*, Berkeley: University of California Press.

Townsend, James(1992), "China Nationalism", *The Australian Journal of Chinese Affairs*, 27(January): 97-130.

Turner, Graeme(1992), *British Cultural Studies : An Introduction*, London:Routledge.

Unger, Jonathan(ed.)(1996), *Chinese Nationalism*, Armonk, N. Y. : M. E. Sharpe.

Walder, Andrew G.(1986), *Communist Neo-Traditionalism: Work and Authority in Chinese industry*, Berkeley: University of California Press.

Walder, Andrew G., "The Decline of Commmunist Power: Eenments of a Theory of Institutional Change", *Theory and Society*, 23: 297-323.

Wasserstrom, Jeffrey N., and Elizabeth J. Perry(ed.)(1992), *Popular Protest and Political Culture in Modern China Learning from 1989*, Westview Press Inc..

Williams, Raymond(1975), *The Long Revolution*, London: Penguin.

Williams, Raymond(1980), *Problems in Materialism and Culture*, London: Verso.

Yan, Yunxing(1996), "The Culture of Guanxi in an North China Village", *The China Journal*, 35(January): 1-25.

Yang, Mayfair Mei-hui(1989), "Between State and Society: The Constrution of Corporateness in a Chinese Socialist Factory", *The Australian Journal of Chinese Affairs*, 22(July): 31-60.

Yang, Mayfair Mei-hui(1994), *Gift Favors and Banguets: The Art of Social Relationships in China*, N. Y. : Cornell University Press.

索　引

- 人文精神　　　　　　　　　183
- 人道主義　　　　　　　　　104,151
- 人情
　　—人情主義　　　　　　　82,83
　　—關係倫理　　　　　　　35,82,83,86,87
- 大躍進　　　　　　　　　　82
- 工具理性
　　—道德－政治領域(層面)　3,30
　　　的工具理性
- 王小東　　　　　　　　　　185,189,190,193,194,196
- 王軍濤　　　　　　　　　　47,115
- 文化
　　—適應性文化　　　　　　13
　　—物質文化　　　　　　　12
　　—消費文化　　　　　　　7,51,138,143,160,161,166
　　—群眾文化　　　　　　　7,147,148,149,160,167,170,
　　　　　　　　　　　　　　173
　　—關係文化　　　　　　　5,9,12,67,70,83,228
　　—流行文化　　　　　　　7,12,13,35,129,130,131,132,
　　　　　　　　　　　　　　133,134,135,136,138,141,143,

	144,148,152,154,155,158,164,
	165,166,167,168,180,194,228
▪ 文化工業	122,166,177
▪ 文化大革命	1,49,80,110,118,127,129,209
▪ 文化主義 (culturalism)	188,232
▪ 文化落後	12
▪ 文化熱	5,6,11,13,34,87,98,99,100,101,
	102,103,104,106,107,116,118,
	123,124,125,132,135
▪ 文化認同	
▪ 文化為政治服務	4,7,50,56,63,145,146,147,148,
	153,164,167
▪ 文化與經濟掛勾(文－經	4,5
掛勾)	
▪ 文化市場	7,91,130,136,138,141,142,143,
	149,155,156,158,160,170,171,
	175
▪ 文化現代化	9,52,179,180,181,227
▪ 文化衫現象	135,136,137
▪ 文化自主性	98,116
▪ 文明作風	9,220,225
▪ 中國威脅	186,210
▪ 戈德曼 (Merle Goldman)	107
▪ 瓦爾德 (Andrew G. Walder)	71,80,82,83,95

- 公共領域　　　　　　　　　　185,193,224
- 毛澤東文化熱(「毛熱」、　　7,12,135,139
　「毛澤東熱」)
- 毛澤東思想
　—與現代主義　　　　　　　15,28,29,30,31,38
　—與反現代主義　　　　　　3,16-28,37,38
　—農民主義　　　　　　　　109,110,203,204
　—革命民族主義　　　　　　209,210
　—與李大釗：階級民族主　　8,202,203,204,205,206,207
　　義
　—與生產力　　　　　　　　14,15,24,25,26
- 主體性　　　　　　　　　　23,30,104,105,106,117,180
- 史達林主義　　　　　　　　21,70
- 平均主義　　　　　　　　　29,140
- 本土化　　　　　　　　　　7,8,31,131,179,181,183,185,
　　　　　　　　　　　　　　221,223
- 他者,他者化　　　　　　　8,179,180,181,195,198,199,
　　　　　　　　　　　　　　221,222,223,224,225,229
- 孔子
　—儒家　　　　　　　　　　64,65,66,91,95,107,108,109,
　　　　　　　　　　　　　　116,119,188,202,206,232
　—儒家典範　　　　　　　　64,68
- 生活世界　　　　　　　　　2,134,166,167,168,169,224
- 孔永謙　　　　　　　　　　136,185,189
- 白樺　　　　　　　　　　　112,150

▪ 白杰明 (Geremie R. Barmé)	172,181,183,187,188,190,192, 194,195,196,198,209,238
▪ 反帝	
—經濟上的反帝	213
—政治層面的反帝	216,217,218
▪ 反現代主義	3,14,15,16,17,18,19,20,23,24, 26,27,30,37,38,41,42,43,44
▪ 甘陽	102,104,115,120
▪ 民族主義,族國主義	
—文化民族主義	8,187,210,218,221,225,231, 232,239
—政治民族主義	8,188,210,218,219,220,231
—階級民族主義	8,189,198,199,202,205,209, 210,211,215,218,220,225,229, 238,239
—民族沙文主義	189,190,193,209,220
—與「愛國主義」	181,182,223,224,227
—與義和團情緒	190,191,210
▪ 安格爾 (Jonathan Unger)	196
▪ 卡爾·巴柏 (Karl Popper)	27,101
▪ 共黨士紳	65,66,67,68,69
—與傳統士紳	66
▪ 功利主義	35,64,65,68,123,194
▪ 共黨造反派	65,66,67,107

- 共同體
  - 民族共同體　　　　　　　191,199,201,206,207,208,224, 227
  - 想像共同體　　　　　　　4,48,55,56,90,96
  - 意識形態共同體　　　　　55,96
- 自我
  - 自我意識　　　　　　　　97,107,108,110
  - 個體自我　　　　　　　　6,98,107,108,121,122,132,135, 136,169
  - 集體自我　　　　　　　　6,87,98,105,107,108,116,119, 122,140,169
  - 中國人之「自我厭憎」　　183,184,185,187,188,189,194 及「自我贊許」的情結
- 全球化　　　　　　　　　　225
- 列寧　　　　　　　　　　　146,202,203,218
- 李大釗　　　　　　　　　　27
  - 與毛澤東之階級民族　　　參閱毛澤東思想 主義
  - 「階級民族」觀點　　　　201,202
  - 農民主義　　　　　　　　203,204,237
  - 重視階級意識,精神修　　　204,205 養
  - 對毛澤東「群眾路線」　　205 的影響
- 法蘭克福學派　　　　　　　122

- 汪暉　　　　　　　　　　　191,192,194,233,234,239,242
- 狄克托 (Frank Dikötter)　　187,232
- 和平演變　　　　　　　　　23,150,152,153,154,175,187,
　　　　　　　　　　　　　　198,216,224
- 金觀濤　　　　　　　　　　101,104,115
- 知識份子
　—之自我懷恨，自我否定　110,116,120
　—之自主性　　　　　　　113
- 知識型
　—「中華性」知識型　　　180,230
　—「現代性」知識型　　　179,230
- 社會主義
　—社會主義精神文明　　　50,138,143,144,174,198
　—(有)中國特色的社會主　3,7,15,31,32,33,37
　　義
- 《河殤》　　　　　　　　　101,106,120,128
- 私領域　　　　　　　　　　80,82
- 沙龍　　　　　　　　　　　111,113,115
- 杜贊奇 (Prasenjit Duara)　225,226
- 思想政治教育　　　　　　　140,148,149
- 胡耀邦　　　　　　　　　　112
- 胡漢民　　　　　　　　　　214
- 哈伯瑪斯 (Jurgen　　　　　102,231
　Habermas

- 柯拉科夫斯基 (Leszek Kolakowski)　　204
- 袁紅冰　　186,188
- 後學　　182,185,189,234
- 後社會主義　　15,31,32,33,35,36,37,38,39,41, 42,46,198,228
- 組織性依賴　　71
- 柏陵 (Michel Bunin)　　113
- 帝國主義　　17,25,183,184,197,201,207, 210,211,214,216,217,218,220, 224
- 個人主義　　36,38,85,133,152,153,154,164, 169,172,194
- 政治掛帥　　3,5,14,21,30,37,52,59,93,142
- 張藝謀　　186,189
- 張之洞　　215
- 孫中山　　8,33,91,192,197,198,210,214, 215,216,218,219,220,224,240
- 韋伯 (Max Weber)　　13,21,40,43,58,102
- 派系　　108,109
- 保護主—扈從關係　　60,62,72
  - —保護關係的政治　　65
  - —多重保護關係　　69
  - —社會主義的扈從體制　　59,60,68
  - —傳統的扈從體制　　60

- 啟蒙　　　　　　　　　5,6,16,97,98,103,122,123,124,
　　　　　　　　　　　145,148,165,166,180,209
- 馬德森 (Richard　　　　63,64,65,67,68,69,70,83
　Madsen)
- 馬克思主義
　—正統馬克思主義　　　104,118,121
　—馬列主義　　　　　　121,149,199,200,206,216
　—批判的馬克思主義　　25
- 面子　　　　　　　　　61,62,70,75,85,86
- 現代性　　　　　　　　15,16,17,18,19,20,23,26,59,
　　　　　　　　　　　165,180,181,206,230

- 理性
　—工具理性　　　　　　5,16,20,21,22,23,26,27,30,31,
　　　　　　　　　　　43,56,58,63,68,69,70,75,77,81,
　　　　　　　　　　　83,93,194

　—形式理性　　　　　　22
　—科學理性　　　　　　105,186
　—功利性個人主義的理　64
　　性
　—自利算計的理性　　　63,64,68
- 流行(大眾)文化
　—之意識形態功能　　　2,134,167
- 個體化、個體性　　　　58,79,83
- 特殊主義　　　　　　　5,8,58,63,68,69,70,71,73,76,
　　　　　　　　　　　77,82,83,221,223,225

- 海耶克 (F. A. Hayek)　　　　　27,102
- 消費主義　　　　　　　　　　184,194,195
- 除魅化 (disenchantment)　　181
- 崔健　　　　　　　　　　　　131,185,189
- 意識形態
  —官方意識形態　　　　　7,50,87,132,133,134,166,168,
  　　　　　　　　　　　　169
  —對反意識形態　　　　　96
  　(counter ideology)
  —純粹意識形態　　　　　135
  —實踐意識形態　　　　　135
  —獨石的，偏重知性的意　166
  　識形態 (monolithic,
  　intellectual ideology)
  —在人們生活中起作用　　167
  　的意識形態 (lived
  　ideology)
  —意識形態共同體　　　　詳「共同體」
- 陳平原　　　　　　　　　　　190,233,239
- 陳子明　　　　　　　　　　　47,115
- 陳獨秀　　　　　　　　　　　199
- 陳一諮　　　　　　　　　　　111,114,127
- 集體主義　　　　　　　　　　53,60,69,80,82,85,95,132
- 楊美惠　　　　　　　　　　　68

- 普遍主義   5,64,69,71,76,80,83,85,86,87,
  210,221,222,223,225,226
- 極權主義模型   62
- 黑格爾   86
- 象徵性資本   85,86
- 華夏中心意識   190,191,193,210
- 華特森 (James   106,107
  L.Watson)
- 農民主義   109
- 費茲傑羅 (John   201,226
  Fitzerald)
- 團體政治   79
- 群眾路線   145,205,206,211,237,238
- 新保守主義   180,195
- 新傳統主義   71
- 新權威主義   180,182,185,213,227,230
- 齊菲爾 (Yves Chevrier)   113
- 塊塊專政   28,29,30,34,38
- 關係
  —關係本位   5,49,87
  —關係文化   5,9,67,70,83,228
  —關係網路   60,63,68,72,73,74,82
  —裙帶關係   80
- 德里克 (Anif Dirlik)   15,16,17,18,19,23,24,26,31,32,
  33,37,38,41,42,43,46

- 認同
  - —認同危機　　　　　　　　6,98,110,117,121,123,124
  - —文化認同　　　　　　　　2,97,106,107,117,120,121,122,
  　　　　　　　　　　　　　　123,165,191,220,224,225,226,
  　　　　　　　　　　　　　　242
  - —集體認同　　　　　　　　4,55,107,116,119,134,135,168,
  　　　　　　　　　　　　　　169,198
- 精英
  - —精英主義　　　　　　　　97,138,165,237
  - —精英文化　　　　　　　　11,59
- 雷蒙‧威廉士 (Raymond　　13,49
  Williams)
- 奧依 (Jean C.Oi)　　　　　29,59,62,68,69,70,83
- 解構　　　　　　　　　　　7,132,228
- 構連,重新構連　　　　　　　7,9,87,96,164,,168,169,195,
  　　　　　　　　　　　　　　196,198,210,220,239
- 閉關自守主義　　　　　　　181,182,183,184,185,218
- 盛宣懷　　　　　　　　　　215
- 實証主義　　　　　　　　　185,194,195,230
- 赫斯頓 (Geramaine A.　　　201
  Hoston)
- 劉(少奇)鄧(小平)典範　　　67,68
- 劉青峰　　　　　　　　　　104,209,239
- 墨菲 (Chantal Mouffe)　　195
- 歸口單位　　　　　　　　　113

- 戴季陶　　　　　　　　　　214
- 論述
  - ——民間論述　　　　　　80,82,86
  - ——「文化為政治服務」論　詳「文化為政治服務」
    述
  - ——「群眾文化」論述　　7,144,147,148,149
  - ——「反資產階級自由化」143,150,153,154
    論述
  - ——「文化市場」論述　　7,160
  - ——「消費文化」論述　　7,144,155,160,161,162,163,
    167
- 趙紫陽　　　　　　　　　112,114
- 葛雷格（A. Gamer　　　218,219,220
  Gregor）
- 葛蘭西（Antonio　　　　102,195
  Gramsci）
- 腦體倒掛　　　　　　　122,123
- 權威
  - ——之制度性文化　　　71,72,74
  - ——權威性人格　　　　118,238
- 蕭功秦　　　　　　　　185,230
- 積極份子　　　　　　　72,73,74,76,77,78
- 譚諾恩（Ross Terril）　19

當代中國文化轉型與認同　　　亞太研究系列-1

主　　　編／張亞中、李英明

著　　　者／羅曉南

出　　　版／生智文化事業有限公司

發 行 人／林智堅

副總編輯／葉忠賢

責任編輯／賴筱彌

執行編輯／韓桂蘭

登 記 證／局版北市業字第 677 號

地　　　址／台北市文山區溪州街 67 號地下樓

電　　　話／(02)366-0309　　366-0313

傳　　　真／(02)366-0310

印　　　刷／偉勵彩色印刷股份有限公司

法律顧問／北辰著作權事務所　蕭雄淋律師

初版一刷／1997 年 11 月

I S B N ／957-8637-49-7

定　　　價／新台幣 250 元整

南區總經銷／昱泓圖書有限公司

地　　　址／嘉義市通化四街 45 號

電　　　話／(05)231-1949　　231-1572

傳　　　真／(05)231-1002

國家圖書館出版品預行編目資料

當代中國文化轉型與認同 / 羅曉南作,
--- 初版. --- 臺北市 : 生智, 1997
[民 86] 面；公分. --- (亞太研究系列 ; 1)

ISBN 957-8637-49-7 (平裝)

1. 中國 -- 文化

541.262   86011495